ヨーロッパ鉄道旅ってクセになる!

国境を陸路で越えて10カ国

吉 田 友 和

幻冬舎文庫

ヨーロッパ鉄道旅ってクセになる

国境を陸路で越えて10カ国

吉田友和

ヨーロッパ鉄道旅ってクセになる！
国境を陸路で越えて10カ国　目次

第一章　フランス～モナコ～イタリア

(1) 空港からではない旅の始まり

旅のきっかけなんて些細なものだ。

この数ヶ月、通っていた歯医者での出来事である。近頃は歯医者もハイテク化しているようで、その歯医者では診療椅子に液晶モニタが備え付けられていた。

「これ見て下さい。虫歯なんですけど、神経までやられてますね……」

などとレントゲン写真を画面に表示しながら、先生が説明してくれる。

診察中は、液晶モニタには見慣れない風景の映像が垂れ流しになっていた。外国の映像である。それも、鉄道旅のものだった。僕のようにビクビクしながら診療椅子に座っている患者が、少しでもリラックスできるようにと流しているのだろう。

実は、この映像に洗脳されてしまったのだ。

なにせ、口を開けてボーッとしているだけの患者である。必然的に垂れ流しになっている映像に見入ることになる。

画面にはテロップで、それがどこなのかが時折表示される。フランクフルト、ミラノ、ロンドン——。いいなあ、と遠い目をしてしまう。ガリガリ虫歯を削られながらも、麻酔が効いているせいで痛みはなく、かえって夢見心地でヨーロッパの車窓に想いを巡らせる。

旅の虫が疼き始め、いてもたってもいられなくなってきた頃にはパリの映像に変わっていた。「リヨン駅」と説明が出ている。パリに複数あるターミナル駅の中でも、主にフランス南部の街とを結ぶ路線が発着する駅だ。重厚な駅舎は、いかにも欧州の歴史ある鉄道駅といった佇まいで、まるで映画を観ているような現実離れした気分になってくる。

いいなあ、いいなあ。旅への憧憬がふつふつと湧き上がってくる。想像を掻き立てられ、妄想が膨らんでいく。それは、恋に落ちる感覚とも通ずるものがある。理屈は要らない。シンプルに憧れ、焦がれる気持ち。

――そして、それから数ヶ月後。

僕はリヨン駅に立っていた。

映像で見たまさにあの駅に、実際にこの足でやってきたのだ。

叶えられる種類の欲望なら、僕は我慢することができない。

旅は思い立った時こそが行き時なのだ！

これまでも幾度となく振りかざしてきた論法を、ここぞとばかりに都合良く登場させ、背中を一押しさせた結果だった。歯医者がきっかけで、フランスまで来ることになるとは……。

我ながら可笑《おか》しさも込み上げてくる。

日本を出発したのは、寒さが峠を越え、ちらほらと花粉が舞い始めた二〇一三年三月初旬のことだった。考えたら、会社を退職し独立して以来、毎年この時期はどこかへ旅立っている。一昨年はインドとブータンへ行き、旅の途中で震災の報せを聞いた。昨年はLCC（Low Cost Carrier＝格安航空会社）だけを乗り継いでアジアを周遊する酔狂な旅に出た。

いずれも週末や連休でふらっと行くような旅ではなく、自分にとってはある意味大物と言えるものだった。根無し草な生活も三年目を迎えた。いまのところ、かろうじて生きながらえている。何より、こうして旅が続けられているのは幸せなことなのだろう。

というわけで、リヨン駅なのである。

来ちゃったもんね、と鼻の穴を膨らませたのである。

今回は日本からの往復航空券と、鉄道パスを予め購入してきた。詳しくは追々書いていくが、決められたルール内で鉄道が乗り放題になるパスだ。

目指すは歯医者で見たあの映像のような旅。鉄道を乗り継いで行けるところまで行ってみたい。そのためには、この種のパスが有用だろうと考えたのだ。乗って乗って乗りまくるぞ！　しっかりと元を取るのだ！　えいえいおー！

のっけから、なんだかいつもとノリが違うのである。

実は僕にとってヨーロッパは、アジアほど行き慣れた土地ではない。もちろん過去にも何度か来ているけれど、訪問回数がそろそろ三桁に迫ろうかというアジアとは比較にならない。要するにアウェイなのだ。いつもとテンションが違うのはそれゆえのこと。いったいどう転ぶのか皆目見当がつかず、どきどき、わくわくなのだ。

いつもと違うと言えば、物語が駅から始まるのも自分としては何気に新鮮だ。旅行記を書く時には、初っ端は空港のシーンになることが多い。しかし、今回はリヨン駅なのである。日本への帰国便以外で、飛行機に乗る予定はない。すべての行程を鉄道で繋《つな》いでいく陸路の旅だ。

とまあ前置きはこれぐらいにして、そろそろ旅の話を始めたい。くどいようだが、リヨン駅である。

いきなりだが、ハプニングが発生したのである。それは切符売り場でのことだった。僕はパリからまず、南部の街ニースへ移動するつもりだった。乗るのはフランス版新幹線こと、TGVだ。このTGVが曲者《くせもの》で、鉄道パスを持っていても座席の予約が必要なのだ。しかも追加料金がかかるという。

持参したトーマスクックの時刻表で便を調べ、乗りたい列車に赤ボールペンで印をつけた。それを窓口で見せる作戦である。フランスは驚くほど英語が通じない国であると、以前に旅した経験から学習していた。

ところが、である。

「フランス語は話せますか？」

やっとこさ自分の番になり、作戦を実行に移すと、窓口の女性は眉根を寄せてこう問い返してきたのだ。この程度のフランス語ならぎりぎり理解できる。しかし、質問への答えは「ノン」だ。

僕がかぶりを振ると、女性はなぜか席を立って、奥の部屋から別の女性を連れてきた。どうやら、英語が分かるスタッフらしい。

「ストライキでその列車は今日は運休です」

えっ、目が点になった。まさかの事態。

よくよく考えたら、フランスと言えばストライキの国である。まだ旅が始まったばかりでボケーッとしていて、考えが回らなかったのだが、ありがちな展開というか、驚くような話ではないのかもしれない。

すぐに思い返したのは高校時代の授業だった。僕が通っていた高校は一風変わっていて、高校なのに英語のほかに第二外国語が必修科目になっていた。一番人気はドイツ語で、ほかに中国語やロシア語なんかも選択肢にあったのだが、僕はフランス語を選んでいた。週二回の授業を三年間受けたのだが、高一の初期の段階から早々に出てきた単語が「ストライキ」

だったのだ。

ストライキで電車が遅れています。確かそんな例文だった気がする。英語の授業で「ディスイズアペン」を習うぐらいの段階で、いきなりそんな単語が出てくるのだ。ストライキにはあまり縁のない日本人としては、当時はいまいちピンとこなかったのだが、いざこうして当事者になってみると、ストンと腑に落ちる。高一の教科書に出てくるほどに、この国はストライキが日常的なのだ。

ちなみについでに書いておくと、その後大学でも第二外国語はフランス語を履修したため、時間だけで言えば僕は普通の人よりもフランス語を勉強している。「フランス語は話せますか？」程度の会話が分かるのはそのためで、ほかにも数字やよく使う名詞や動詞ぐらいは覚えているのだが、フランス人とフランス語で細かい会話ができるほどの語学力はない。

フランス語が厄介なのは、発音が難しい点だ。文法や単語を覚えていても、いざ話してもまったく通じなかったりする。というのはまあ、言い訳がましいか。

「フランス語習ったって聞いていたから、期待したんだけどな。全然役に立たないじゃん。本当に勉強したの？」

以前に夫婦で来た時には、奥さんに散々馬鹿にされ、返す言葉がなかった。言い忘れたが、今回は一人旅で、彼女は日本でお留守番。途中で合流する案もあったのだが、どうしても仕事の都合がつかなかったので諦めざるを得なかった。

う〜ん、話が脱線してばかりでなかなか進まない。まあ序盤は説明が多くなるのは仕方ないということで。

結局、少し待つことになるが、ニース行きの別の便に乗ることになった。ただし鉄道パス用の座席は空いていなくて、パス所持者向けの割引価格で購入するという形になった。通常運賃の半額なのだが、パリ〜ニースはフランスを縦断するような長距離のためか元の価格が高くて、半額とはいえ約八〇ユーロもした。完全に予期せぬ出費であるが、もうこれに乗るしか手はなかった。

発車まで少し時間の猶予ができた。どうしようかなあ、せっかくなのでパリ市内の観光でもしてこようかなあ、という欲が頭をもたげる。

そうなると邪魔なのが荷物だ。移動の多い旅になるからと、日数の割には考えられないほどコンパクトにまとめてきてはいる。三五リットルサイズのソフトタイプのスーツケース。それでも、さすがにこれを持って観光するのは億劫である。

コインロッカーを探すことにした。構内図にはそれらしき表示が見つからず、案内所で聞いてみることにする。

ところが、またしてもここで壁が立ちはだかった。

例によって英語が通じないのだ。手持ちのスーツケースを指差し、ジェスチャー混じりに訴えるも、怪訝な顔をされるばかり。コインロッカーはフランス語でなんて言うんだろう。言葉が通じないのは、生まれたばかりの子どもに戻ったようなもどかしさがある。いやホントに学生時代にマジメに勉強しておけばよかった。

後悔するも後の祭り。僕は早くも匙《さじ》を投げた。もういいや。時間があると言っても、ゆっくり観光できるほどではなく、結構慌ただしくなりそうなので、ならば開き直って飯でも食べようと決めた。気ままに行動できるのが一人旅のメリットだ。

実はリヨン駅へ来たのは人生二度目である。何年か前、プロヴァンス地方へ行くのにこの

リヨン駅構内。壮麗な駅舎と未来っぽいTGVとの対比が興をそそる。

駅からTGVに乗ったのだ。その時の記憶を頼りに、駅前のレストランを物色したら、当時入った店があっさり見つかった。

同じ場所を再訪したなら、同じ店に入り感慨に浸るのも悪くない。注文した内容まで覚えていたのは、それだけ好印象だったからだろう。サーモンクリームのパスタと、グラスで白ワイン。まったく同じものを注文したのだが、あれっ、こんなにしょっぱかったっけと印象は悪い方向へと更新される。記憶は美化されがちということか。

しかしこうして真っ昼間からワイングラスを傾けていられるなんて、なんて贅沢なのだろう。しかも平日である。ハッキリ言って罰が当たりそうだ。日本で忙しく働いている人たちからしたら、殴りたくなるかもしれない。

でも、どうかご容赦を。かれこれ年が明けてからずっと、モーレツに忙しかったのだ。ここまで二ヶ月間、休日返上でずっと働きづめだった。締め切りに次ぐ締め切りに、少々参ってもいたのだ。出発までにすべては終わらず、仕事を抱えながらの旅となってしまったが、最近はそれももうだいぶ慣れた。ネットにさえ繋がれば、どこにいても仕事はできる。

とはいえ、やはり旅は旅、仕事は仕事と切り分けたいのも本音だったりする。こうして旅が始まったいま、向き合うべきは仕事ではないのだ！　そう自分に言い聞かせ、心懸かりは遥か彼方へうっちゃることにした。

う〜ん、独白が多くなるなあ。これも一人旅ならでは、ということか。

食べ終わった頃合いを見計らってやってきたギャルソンが、

「デザートはどうしますか？」

と訊いてきたが、それは遠慮してとりあえずカフェだけ注文する。フルコースは夜の楽しみにとっておこう。

濃くドリップされたエスプレッソを飲み干し、お勘定を頼んだら一九ユーロもして軽く怯んだ。ランチに二〇〇〇円以上、か。それなりに出費は覚悟していたものの、やはり物価の安いアジアとは勝手が違う。

駅へ戻ると独特の匂いが鼻をついた。小麦の匂い――そう、パンの匂いだ。いま頃になって気が付いたのは、食事をしてきたせいかもしれない。

それにしても、パンの匂いがするというのも実にフランスっぽい。

旅人はその国の匂いに敏感に反応する。たとえばタイへ行くと、空港に足を踏み入れた瞬間にお米を炊いたような匂いが漂う。我らが日本も、醤油の匂いがすると以前に外国人旅行者に言われたことがあった。そしてフランスはパン――か。些細な気付きだが、自分としては世紀の大発見をしたような興奮を覚えるのだった。

見ると、スタンド売りのサンドイッチ屋がホームの端に佇んでいた。ハムやチーズが挟まれたバゲットがショーウィンドウに陳列されているのを見て、昼食はあれでも良かったかもなあ、などと後悔の念も頭を過《よぎ》る。食べ終わった後で、他のものに浮気するのは悪いクセだ。

ペットボトルの水と、車内のお供にマドレーヌを買った。案内版を見ると、自分が乗る列車のプラットホーム番号がようやく表示されていた。ぎりぎりまでどのホームに止まるのか分からないシステムなのだ。リヨン駅は広大で、端から端まで歩いたら五分はかかりそうなほど。目指すホームが遠かった暁には、あたふたしそうだ。

ついでに書くと、リヨン駅は大きく二つのホールに分かれているのだが、ホール1とホール2で、ホームの表示が違うのにも混乱させられた。ホール1はプラットホームA、B、C……とアルファベット表記なのだが、ホール2はこれがプラットホーム1、2、3……となぜか数字に変わる。紛らわしいのだ。

幸いにも、いる場所のすぐ近くに列車が止まったようだった。大荷物を持った旅客の人波に乗りながら、ホームの中へと歩を進める。途中で黒人の若者に声をかけられた。何か訊かれたが、例によって言葉が分からない。さらには、顔を皺でくちゃくちゃにしたおばあちゃんにも話しかけられた。

「Je ne sais pas français」（フランス語が分かりません）

唯一覚えている決め台詞なのだが、早くも連発しまくりである。

加えてさらなる戸惑う事態が生じた。切符に書かれた情報が判別できないのだ。すべてフランス語で、英語を併記するような親切さがないのはいかにもフランスらしい。

なんとなくの推測で、これが号車番号かな、とアタリをつけたまでは良かったものの、いざ乗り込んでから自分の座席がどこなのか見当がつかない。いやはや、ホント真面目にフランス語を勉強すればよかった。

二階建ての車両だった。入ってすぐの一階客室には、通路まで人がはみ出すほどの混雑ぶりなので、逃げるようにして階段を上がった。

すると、切符に書かれている数字の中でこれが座席番号かなと思える数字の座席があったので、自信はないけど腰を下ろした。「111」という三桁の数字はいかにも座席番号という感じだ。しかし、その下にさらに「1」と書かれているのが気になる。一階という意味の「1」だったりして。

疑問が解決したのは、たまたま車掌さんが通りかかったからだった。切符を見せ、ジェスチャーで訴える。それを一瞥した車掌さんは、壁の数字をチラリと見遣り、次の瞬間力強く頷いた。

「ウイ」

良かった。この席で合っていたようだ。

発車して間もなく、今度は別の種類のトラブルにも見舞われた。

各座席にはコンセントが備え付けられている。さすがは高い金を取るＴＧＶだけのことはあるなあ、と感心しつつ、ｉＰａｄを充電しようと繋いだところ——

——故障していた。がーん。

どういうわけか、次々と何かが起きる。列車に乗り遅れたとか、強盗に遭ったとか、そういった大きなトラブルではなく、いずれも些細な躓《つまず》きにはすぎないのだけれど、気を抜く暇がないのだ。初っ端からアウェイな旅になりそうな予感を抱いてばかりである。

一方で前向きに考えるなら、一筋縄ではいかないからこそ、海外旅行の醍醐味なのだとも言える。立ちはだかる壁を一つずつクリアしていく感覚。異国を旅している実感がひしひしと湧いてきたのだった。

列車は徐々にスピードを上げていく。パリ市内を抜けたと気が付いたのは、景色がドラスティックに変化したからだった。建物がグッと少なくなり、見渡すばかりの草原地帯が広がった。時折小さな集落が現れるが、基本は遮るものの少ない抜けのいい自然の景観が続く。

出発してまだそれほど経っていないということは、比較的パリに近い辺りにいるはずなのだが、大都市郊外とは思えぬほど何もないのだ。首都から少し出ただけでこうなのだ。案外田舎の国というか、国土に余裕があることの裏付けと言えるだろうか。

日本だったら、こうはいかない。東京駅から東海道新幹線に乗っても、住宅やビル、工場などの人工物がほぼ途切れることなく車窓に現れ続ける。どこまで行っても人里離れた景色は訪れず、やがて次の大都市圏に入る。

こうして他国と比較して初めて、恐ろしい人口密度の国なのだと知らしめられる。良いか悪いかは別として、客観的な事実である。我が国がどんなところなのか考えさせられるのも海外旅行の効用の一つなのかもしれない。

もう一つ、フランスの田舎ぶりを実感した出来事もあった。いつの間にかｉＰｈｏｎｅがネットに繋がらなくなっていたのだ。今回は周遊型のモバイルルーターを持参してきている。欧州内であれば、国が変わっても意識することなく使用できるもので、複数の国々を巡る旅では重宝しそうだから

TGV車内にはスナックコーナーも。アン・カフェ・シルブプレ！

とレンタルしてきていた。

パリ市内にいる間には、何ら問題なく接続できていたのだが……。ルーターを見ると、アンテナがぎりぎり一本立つか立たないかといった心許ない感じで、無線で接続しているｉＰｈｏｎｅからはネットにアクセスできない状態が続いた。

ＴＧＶが高速に移動しているせいで電波を拾えない可能性もあるが、車窓に流れる茫漠とした風景から推察するに、そもそも電波が入らないエリアを走っていると考えた方が正解のような気もした。

その証拠に、マルセイユを越えた辺りから、何事もなかったかのようにルーターが繋がり始めたのだ。パリから南下したＴＧＶは、マルセイユで地中海に突き当たる。そこからは沿岸を東へと進むのだが、景色はうって変わって文明的なものになった。民家が立ち並び、人が暮らす土地に入ったのだと得心する。

チャンチャンチャーチャン♪

駅に停車する際の車内アナウンスを告げるメロディ――非常に特徴的な音で、フランスを列車で旅していると自然と耳に残る――が鳴る間隔が明らかに狭くなった。これまではほぼノンストップの勢いでかっ飛ばしてきたＴＧＶも、沿岸部では割と細かく停車するようだった。

赤茶色の屋根が遠くまで続いていた。街全体が統一感のある建物で埋め尽くされているのは、いかにもヨーロッパを感じさせる光景だとしみじみする。

進行方向右手には海も見える。青い、とても青い海だ。地中海の青色の深さには、何度見ても衝撃を覚える。あいにくの曇天模様なのが少々残念だが、それでも真冬の海にしては随分と浮ついた雰囲気も感じられるのは、夏になるとフランス中、いやヨーロッパ中からバカンス客が集まる海の面目躍如といったところか。

コートダジュールである。言葉の響きからしてどこか優雅な印象を抱く。無意識のうちに頬がにやついてきた。旅をしていると心がパッと華やぐ一瞬があるものだが、まさにそ

座席には折り畳み式のテーブルが備え付けられ、書き物をする人も。

んな瞬間が訪れたようだった。

僕は乗車前にマドレーヌを買ったのを思い出した。どうせならとことん優雅な気分を盛り上げたい。さながらアフタヌーンティーである。ただし紅茶ではなく、ペットボトルの水。おまけにマドレーヌにパクついたら、かさかさしていてあまり美味しくなかったことは告白しておく。

そうこうしているうちに、向かいの席でまどろんでいたオジサンが目を覚ました。列車は間もなくニースに到着する。

(2) 一人旅から二人旅へ

なぜニースなのか。実はお目当てがあった。

カーニバルである。この時期は各地で同様のカーニバルが開かれるが、ニースのものは世界最大級だと聞いていた。ヨーロッパ三大カーニバルの一つにも数え上げられるほどで、二月半ば頃から約三週間にもわたって街がお祭りムード一色に染まる。花々で彩られた山車《だし》が繰り出し、仮装した人々が一足早い春の訪れを祝う。以前からずっと憧れていたこのお祭りを、とうとう訪れるチャンスがやってきたというわけだ。

今回の旅はほとんどノープランに近く、どこをどう回るかなど、一切が未定だ。鉄道パスを利用して、その場その場で気になった街に滞在していく。良く言えば気ままな旅、見方によっては行き当たりばったりとも言える。

けれど例外として、ニースのカーニバルは事前にスケジュールに組み入れていた。ホテルもニースのみ予約しているし、カーニバルの桟敷席のチケットは何ヶ月も前からネットで手配済みである。ちなみに早めに動いたのが良かったのか、座席は最前列を押さえることができた。

それゆえに、期待はいやが上にも高まっていた。旅の前半戦、最大のハイライトと言えるだろうか。

またニースでは、日本から来る友人と合流する手はずにもなっていた。我が家では「ヤーマン」と呼んでいるその友人は、雑誌のライターの仕事をしており、バルセロナで開かれている展示会の取材ついでに、ニースまで足を延ばすという。ならばと日程を合わせたのだった。

お祭りごとは賑やかな方がいい。一人旅はいったんお預けなのである。

そのヤーマンだが、気が付いたら一緒に旅をする機会が多い旅仲間の一人になっていた。といっても日本から一緒の飛行機で出発したことはなく、いつも今回のような現地合流だ。

相変わらずフットワークの軽さは群を抜いている。

近頃は僕の旅行記にちょくちょく登場し、ネタを提供してくれるのはありがたい存在なので、無下にはできないという下心もあったりなかったりする。旅行記に限らず、物語で重要なのはキャラであるという定説には僕も同意したい。当の本人も、何気に自分がこうして書かれることを期待している節もあったりなかったりするようなので、あることないこと書いてしまおうと開き直って筆を進めてみる。

ニースへ向かう車内で、ツイッターのメッセージ機能で連絡を取り合っていた。どうやら僕の方が早く着きそうなので、先にホテルへ行って待つことにした。ツインの部屋を予約していた。物価の高いヨーロッパで宿泊費を浮かす作戦だ。

ＴＧＶでの旅は、快適そのものだった。空調が効いていて適度に暖かく、座席はゆったりくつろげた。呆気なくニースに到着し、少々拍子抜けもしていたのだが――。

旅はどう転ぶか分からない。

駅舎を出た瞬間、なんと雨がぱらつき始めたのだ。

カーニバルは明日である。天気、大丈夫だろうか。お気楽モードに水をさされ、降って湧いた不安で眉間に皺が寄る。

折り畳み傘を持ってきているが、スーツケースの奥深く。取り出すのが億劫なので、濡れるのを覚悟で早足にホテルへ向かった。駅からはわずか数分の距離である。こういうこともあろうかと予想していたわけではないが、ホテル選びに関しては先見の明があったなあと内心で自画自賛する。

チェックインして部屋に入ると、男二人で泊まるにはメルヘン度数が少々強めのインテリアにギョッとさせられた。ヨーロッパの古いホテルでは割とありがちな展開ではある。

荷解きをし一休みしていると、ほどなくしてヤーマンが到着した。

「やあやあどうもどうも」

外国で待ち合わせたとは思えないほどに、いたって自然な登場ぶりだった。まあ、意外にクールなタイプなので、おちゃらけていたらそれはそれで引くところなのだが。

僕の倍はありそうな巨大スーツケースをやおら床に広げ、彼はさっそくコンセントを探し始めた。荷物の大半がデジタル機器という、筋金入りのオタク旅行者、もといフラッシュパッカーなのだ。

PCにスマホ、タブレット端末……出てくる出てくる。八ツ叉ぐらいのコンセントに、充電ケーブルがわしゃわしゃと這い、たちまち混沌とした空間が出来上がっていく。さっきまでメルヘンだった部屋が、何かの秘密基地のような怪しげな世界に変わってしまった。

自分もどちらかと言えば同類なので、あまり他人のことは言えないのだけれど、普通の人から見たら常軌を逸した光景かもしれない。いや、間違いなく変人扱いされるだろうなあ。

僕は日本でも、しばしばあてどのない列車旅に出かける。青春18きっぷの旅である。そんな旅の途中で、今回のようにヤーマンと合流したことがあった。甲子園球場で真夏の高校野球を観戦し、瀬戸大橋が見える丘の上で肉を焼いた後で起こった衝撃的な事件は、彼の変人ぶりを伝えるのにいいエピソードになるだろうか。

忘れもしない、竹田城でのことだった。「日本のマチュピチュ」などと噂されている兵庫県の奥地にある山城跡だ。単線のローカル列車を降りた駅から、歩いて城へ向かったのだが、思いのほか険しい道中が待ち構えていた。

駅にコインロッカーのような気の利いたものがなく、僕はリスクを承知で荷物を駅のベンチに放置してきた。翻《ひるがえ》ってヤーマンは、盗られたら困るとＭａｃＢｏｏｋをはじめとしたデジタル機器をたっぷりリュックに詰めたままだった。

その状態で、標高約三五〇メートルをほぼ垂直な斜面で一気に上がる。しかも気温が一年で最も高くなる八月初旬である。登山を始めて五分もしないうちに玉のような汗が吹き出てきた。飲み物の予備がないことに不安を感じ始めた刹那だった。

すぐ後ろを歩いていたはずのヤーマンの姿が消えていた。見ると、坂の遠く下の方で岩に手をついてへばっている。

「……も、もうダメだわ。俺のことは置いて、一人で行ってくれ」

ぜえぜえ息を荒くしながら、苦しそうにそう告げる彼を残し、僕は単身で登頂したのであった。彼にとってはマチュピチュよりもガジェットなのだ。

ニースで落ち合ったヤーマンとはそんな人物である。合流し二人になった頃には、すっかり日も落ち、酔いどれたい時間帯になっていた。

傘をさしながら街をぶらつき、一軒のレストランに落ち着いた。石畳の歩道に面したオープンエアの店。とはいえ、外はかなり寒い。極寒とまでは言わないものの、外で食事をする気にはなれないレベルの体感温度だ。フランス人は外でお茶をしたり食事をするのが心底大好きな人たちで、もはや呆れるのを通り越し尊敬の域である。

その店では、いちおうは電熱タイプの暖房が設置されていたから、僕たちもフランスの流儀に倣って、外のテーブルに座った。

「おっ、カエルがあるじゃん」

メニューに「FROG」と書かれているのを発見し、ヤーマンは目を輝かせた。彼は美食家なのだ。僕はフィレステーキを注文した。赤ワインをボトルで頼んで乾杯する。こうして異国の地で、気心の知れた仲間と飲む酒もまた良し、である。

ヨーロッパでは、一人旅だと食事が乏しくなりがちだ。

以前に同じくフランスのマルセイユで、一人であることを理由に入店自体を拒否された経験もある。それに、ヨーロッパ旅行の最大の楽しみの一つとも言えるワインも、気兼ねなくボトルでオーダーできるのは一人旅にはない魅力だろう。

デデーンと出てきた赤身の大きな肉に舌鼓を打ちつつ、ワインがぐいぐい進む。至福のひとときである。僕が連れがいる喜びを噛みしめている一方で、ヤーマンは相変わらず無言でスマートフォンの画面と格闘していたことも付け加えておく。

(3) おフランスな洗礼

翌朝、目が覚めた瞬間に不穏な空気を察知

通りにはカフェやレストランが並ぶ。どこへ入るか悩むのも楽しい。

したのだ。カーテンを開け、テラスに出て言葉を失った。

——雨が降っている。

まさか、まさかの事態である。

一晩経てばきっと止《や》むだろうと高をくっていたのが正直なところで、最悪のケースは想定していなかった。

「午前中に止めばいいけどね」

のそのそと起きて事態を把握したヤーマンが希望的観測を口にする。カーニバルは午後二時半からなので、まだ時間はある。それに、なんといっても一年に一度のビッグな祭典だ。多少の雨降りなどお構いなしに決行されるに違いない。

この期に及んでも僕は悲観してはいなかった。こういう時は楽天的な性格で良かったなあと思う。

朝ご飯を食べに一階に降りた時だった。フロントの女性と目が合った。

——あれっ？　日本人？

「おはようございます」

僕の戸惑いに気が付いたのか、向こうから日本語で挨拶してくれた。これが五つ星の高級ホテルなら違和感はないが、いたって普通の街の中級ホテルで日本人が働いているのは意外に感じられた。

「ニースに住んで、もう五年になります」

言葉が全然通じない異国の地で出会う同胞には、特別親しみの念を抱く。立ち話に花を咲かせるうちに、つい興味本位で色々尋ねてしまうのだが、僕の不躾な質問にも笑顔で答えてくれる。とても感じのいい女性だった。

それにしても、こういう場面で登場する日本人は、圧倒的に女性が多い気がする。以前にモロッコへ行った際も現地ガイドが日本人の女性で、百戦錬磨のモロッコ人を軽くいなしているのを見て、強いなあと感心させられたのを思い出した。故郷を出、異国の地で奮闘する彼女たちの姿にはなんだか勇気づけられるのだ。

「今日のカーニバル、大丈夫ですかね？」

いい機会なので、僕は気になっていた疑問をぶつけてみた。

「どうでしょうね。この雨なので……」

いささか歯切れの悪い答えだった。なんでもパレードが始まる一時間前に、ネットで決行するかどうかが発表されるという。

「調べておきますね。何か情報があればお知らせしますので」

「すみません。じゃあお言葉に甘えて、お願いします。ちなみに天候が悪くて中止になったことは、これまでもありましたか？」

「そうですね。雨が降って中止になったことはあります」

あらら、そうなのか。うーむ、雲行きが怪しくなってきたのである。


朝食を終えると、部屋で仕事をするというヤーマンを残し、僕は一人でぶらぶら散歩に出かけた。昨日は夜の到着だったから、ほとんど何も見ていない。初めて訪れる街はワクワクする。傘をさしながらの観光とはいえ、朝からテンションは高めだ。ただまだ朝が早いせいか、お店の多くがシャッターを下ろしたままだった。そこで向かったのは市場だ。朝早くから楽しめるスポットの代表格だろう。

地図で場所を確認し、海の方へと歩く。大通りに出ると、トラムが走っているのを見てうれしくなった。ヨーロッパと言えば、やはりトラムなのである。

乗り物に心ときめくのは子どもだけの特権ではない。考えたら列車で旅をしようと考えた根底には、童心に返ったような乗り物への憧れが少なからず潜んでいる。「乗り物萌え」とでも言えるだろうか。

ニースのトラムは年代物ではなく、現代的でスタイリッシュな外観の車両だった。その場でネットで調べ、二〇〇七年に開通したばかりのものだと知った。

スマートフォンの登場でどこにいても常時接続が可能になり、旅先でふっと湧いた疑問にもすぐに答えが得られるようになったのは画期的な変化だ。テクノロジーの進化は旅人に大きな恩恵をもたらす。

しかしどんなに技術革新が起きようとも、どうにもできないのが天気だった。お目当ての市場へ到着した頃には、雨足がさらに激しくなってきた。だからなのか、市場は恐ろしく閑散としていた。テントを立てて営業している露店もちらほらあるが、本当にちらほらという感じで、その数二桁にも満たない。

それでも唯一営業しているお店を冷やかし歩くと、とくに印象に残ったのは八百屋だった。売られている野菜のラインナップも興味深いが、何よりその陳列具合に目を瞠《みは》った。色とりどりの野菜が木箱に整理されている光景はやけにオシャレで、行き慣れたアジアの市場とは一味違う。こういうのは恐らくセンスの問題なのだろう。さすがはフランスと、感じ入ったのであった。

とはいえ、雨が手強かった。多少濡れるのは構わないが、ネックは足元である。石畳の道に溜まった水が、靴の中へ容赦なく浸入してくるのだ。

――つ、つめたい……。

シャレにならない冷たさだった。足の先が凍りそうなのだ。

履いてきたアディダスのスニーカーはもう何年も前に買ったもので、お気に入りの一足だった。だいぶガタが来ていたようで、パッと見では気が付かない細かい穴が空いている可能性はあった。旅には履き慣れた靴を選ぶのは基本中の基本だが、履きすぎた靴もそれはそれで要注意ということか。

最初は我慢をしていた。けれど、耐えられそうになかった。

結局どうしたかというと——靴を買ってしまったのだ。

市場をチェックしているうちに、街はようやく動き出したようだった。開いたばかりの洋服屋の店先に、日本では見かけない色使いの一足が並べられていた。

ハッとして立ち止まった途端、イケメンの

パリ発の雑貨ブランド「ピローヌ」。荷物が増えるので買えず……。

店員さんに素早く捕獲された。あれよあれよという間に試着させられていた。こういう接客は苦手で、ノーと言えない日本人の典型なのだ。数分後にはお店の紙袋を手に抱えていたという次第。

衝動買いもいいところである。それを持ってホテルに戻ると、案の定ヤーマンがおやっと驚いた顔で迎えてくれた。

「靴、買っちゃった……」

こういう時、男どうしだと妙な気恥ずかしさがあるものだ。他人の買い物にはそれほど興味はないのか、ヤーマンも「ああそう」といった感じでそれきり何も突っ込んではこなかったのだが。


昼食を取りにレストランを探しに行くことになった。手に入れたばかりの靴に履き替え一階に降りると、フロントに先ほどの日本人女性の姿があった。声をかけると、なぜか浮かない顔に変わった。

胸騒ぎがした。イヤな予感というやつだ。

「……中止になったようです」

……えっ。何を言っているのだろうか、最初理解できなかった。

「いまサイトを見たら、キャンセルと出ていました」

………え、マジで？

はるばるニースくんだりまでやってきたのだ。何ヶ月も前からチケットも押さえ、楽しみにしてきたのだ。それが、まさかの——中止！

「発表は一時間前ではなかったんですね」

かろうじて絞り出せた台詞は、我ながらずいぶん未練がましいものだった。女性は哀れむような顔で頷いた。ヤーマンも横で苦笑いを浮かべている。

その後のランチでは、つい愚痴大会になってしまった。

「そんなに大雨って感じでもないのになあ……」

「日本だったらやるかもね」

「だいたい諦めるの早すぎじゃない。あっさり負けを認める、みたいな」

「うん。さすがはフランス人ってところかね」

当然ながら昼間からワインをぐび飲みである。やけ酒ともいう。

ひとしきり思いの丈を吐き出し終えると、行き場のない憤りもどうにか少しは収まってきた。こういう時に同行者がいて良かったと改めて感じた。一人だったら、いつまでもぐじぐじしそうだ。

「これから、どうしようか？　俺、モナコに行きたいかなあ」

気持ちの切り替えが早かったのはヤーマンだ。途端に手持ち無沙汰になったいま、丸々半日を無為に過ごすのは確かにもったいない。最早考える気力もなかった僕は、彼の提案に乗ることにしたのだった。

着替えたいからとヤーマンが言うので、いったんホテルに戻った。なんとジャケットを羽織るのだそうだ。そう、カジノを意識してのことだ。モナコといえば、言わずと知れたカジノの国である。

「こういうこともあろうかと思って、一着だけ持ってきたんだよね」

やれやれ、最初から一勝負する気満々ではないか。

対して僕はというと、ジーンズにダウンジャケットという出で立ち。旅先で慌てて靴を買い替えているぐらいの準備不足男が、気の利いた服など持っているはずもない。

しかもダウンジャケットは台湾で買ったもので、異様に派手な水色だったりする。パリに着いた時から感じていたのだが、フランス人のコーディネートは非常にシックだ。黒やグレー系ばかりで、間違っても原色系のカラフルな服は着なさそう。場の雰囲気から自分が浮いているなあと実感しながら、ここまで旅してきたのだ。

「これしかないんだけど、大丈夫かなあ」

「まあ明らかに観光客っていうか、中国人って感じだしね……」

ヤーマンはそうフォローしてくれたが、やっぱり中国人に見えるのね……まあいいけど。

ニースからモナコまでは目と鼻の先で、電車で三十分もかからずに到着した。いちおう別の国だが、入国審査などはない。言葉も引き続きフランス語である。

そもそも、ここがれっきとした独立国である事実に旅人は不思議な気持ちになる。小国が所々に点在するのは、複雑な歴史背景を持つヨーロッパならではだよなあ、というのは以前にローマでバチカンへ行った時にも思ったことだった。

スマホの地図を頼りに、僕たちが向かったのはモンテカルロという名のホテルだ。中に

例によってカジノの内部は撮影不可なので、とりあえず外観を。

カジノがあると、ヤーマンが持ってきたガイドブックに紹介されていた。カジノには疎い僕としても、名前ぐらいは聞いたことがある。モナコを代表する名門中の名門であり、いわばランドマーク的な存在らしい。

さっそく突入する。服装で拒否されないか気を揉んでいたが、セキュリティスタッフにはジェスチャーで帽子を脱ぐように指示されただけで、無事に通過。

「監視カメラで撮るのに、帽子があると顔が見えないから」

ヤーマンの解説に得心した。なるほどなるほど。彼は何気にカジノ慣れしているようで、躊躇《ためら》うことなくずんずん進んでいく。早々に見学を済ませ、そのままサクッとテーブルについた。やるならじっくり偵察したうえで、と考える僕のような人間からすると、ずいぶん思い切りがいいなあと感心させられる。

ブラックジャックのテーブルだった。ヤーマンは慣れた手つきで指をトントンとしてディーラーに指示を出す。しばしの間、後ろで見守っていたが、真剣勝負の邪魔をするのも悪いので僕は退散。一人でカジノ内を見て回ることにした。

時代がかった重厚な建物である。ラスベガスやマカオで感じた、大衆に媚びたような派手さはない。落ち着いたオトナの社交場といった佇まいだ。ただし、まだ時間が早いのか客はまばらだった。客が一人もいないテーブルで暇そうにしているディーラーが目につく。

一通り見学を終え、そろそろ一勝負しようかとトイレから戻ってくると、先ほどのブラックジャックのテーブルにヤーマンの姿はなかった。

視線を遠方に向け——発見した。キャッシャーに並んでいるようだった。早々に敗北してしまい、両替しに行ったのかしら、などと失礼な予想をしながら声をかけたのだが、返ってきたのは意外な答えだった。

「勝ったよ。一〇〇ユーロだけど」

えっ、勝ったの？　この短時間に。しかも一〇〇ユーロも！

キャッシャーに並んでいたのは、コインを現金に換えるためで、とりあえずここでの勝負は終了らしい。始めるのも早ければ、見切りをつけるのも早い。

「ダラダラやるのは好きじゃないんだよね」

キリッとそう一言。ギャンブラーとはかくあるべきか。

結局僕自身は一勝負もしないうちに、そのままカジノを後にした。なんだかタイミングを逸したような形になったが、話の流れ的にやったらやったで負けそうなフラグが立った気もしたのだ。

なんとなくホテルの脇道を歩いて行くと、ゆるやかな下り坂になった。モナコは高低差のある街だった。山の斜面に建物が貼り付くようにして立ち並んでいる景観はなかなか絵になる。カメラを取り出し、シャッターを切った。

しかし一方で、どこかで見たような既視感も覚えた。坂を下った先は港になっていて、海《うみ》縁《べり》の道路に沿う形でホテルなどが甍《いらか》を争っている。この港の雰囲気が、どこかと似ているのだ。どこだろう……あっ！

「「熱海っぽくない？」」

苦笑。なんとヤーマンと台詞が被《かぶ》ってしまった。彼もまったく同じ感想を抱いたようだった。そうなのだ。似ているのは熱海なのだ。

華やかそうでいて、実はぎりぎり垢抜けていない。寂れているわけではないのだが、流行の最先端にはなり得ない。そんな感じ。一言で言えばいなたい街。考えたらいずれもバカンス先と、土地の役割まで似通っている。

イメージで語るのはナンセンスだとは自覚するが、一度抱いた印象はそう簡単には覆らないのも正直なところだ。古びて錆が露わになった看板、動いていないメリーゴーラウンドなど、現れるもの現れるもの、つい熱海と結びつけたくなる。

F1グランプリのコースをなぞってみたいというヤーマンに付き合い、坂を上ったり下ったりしているうちに、モナコ＝熱海説が自分の中でますます真実味を帯びてきたのだった。というより、もう熱海にしか見えなくなってしまっていた。

これで温泉があれば最高なのだが……ってあるわけないか。

「そういえば、雨止んだね」

港に面した小さなカフェで一休みしていると、ヤーマンがボソッとつぶやいた。すっかり忘れていたが、いま頃は本来ならカーニバルだったはずなのだ。

「うーん、これなら余裕で決行できたよなあ」

再びやりきれない思いが込み上げてきた。まさか熱海、いやモナコに来ることになるとは……。

「まあいいや。一〇〇ユーロ儲けたし」

負け惜しみにしては偉く格好いい発言をするこの男に、カフェのコーヒー代を奢らせたのは言うまでもない。

モナコの遠景。熱海っぽくない⁉　って写真じゃ伝わらないかな。

（4）時刻表には要注意

明くる朝もニースは引き続き雨だった。なんだか祟《たた》られているようで、気持ちが萎えそうになる。ひょっとしてヤーマンが雨男だったからでは、などと挙げ句の果てには他人のせいにしそうになったのはここだけの話だ。いけない、いけない。

昨晩入ったレストランで聞いた話だが、そもそも雨の多い時期らしいのだ。

「一番いいのは五月か六月、もしくは九月と十月かな。七月、八月はちょっと人が多すぎるからねえ」

その店のマスターはなんとこれまた日本人で、色々と興味深い話が聞けたのだった。日本食レストランではない。れっきとしたフランス料理の店だ。そして、やはりというか、ここでもまたしても女性であった。日本人男子よ、もっと外国へ！

「じゃあ、次はその頃に来ます」

僕はリベンジを誓った。自分に言い聞かせるようにして。

「うんうん、ぜひ来て下さいね。フランス人は確かにいい加減なところはあるけど、話すといい人も多いのよ」

カーニバルを逃した哀れな観光客——僕たちのことだけれど——を慰めつつ、フランス人の牧歌的な国民性にもしっかりフォローを入れる女将さん。最後の最後で、救われた気分だった。このまま帰ったら、自分の中のニースのイメージは最悪なものになりそうだったのだ。はい、愚痴をこぼしてすみませんでした。悪いのは天気であって、フランス人ではないです。

本当にまた来よう。再訪する理由ができたのはうれしいことだ。

出発が迫っていた。ヤーマンともここでお別れ。彼はこの後、飛行機でイスタンブールに飛ぶという。欲ばりで忙《せわ》しない旅なのはお互いさまだ。

一人先にホテルを出て、駅へ向かった。列車の時間は例によってトーマスクックの時刻表で調べてあった。ｉＰｈｏｎｅにも欧州版乗り換え案内とも言えるアプリを入れており、それで検索する手もあるのだが、僕はあえて分厚いこの時刻表を持参した。

街中に設置されたカーニバルのオブジェが悔しさを余計に募らせる。

非常に嵩張《かさば》る一冊で、スマートでないのは分かっている。でも、効率よりも情緒を重んじたいこともある。こだわりとも言えるだろうか。

日本での青春18きっぷの旅においても、相棒として僕が必ず持ち歩くのが時刻表だった。細かな字で、数字や記号が暗号文のようにぎっしり並び、とっつきにくさがぷんぷん漂っている。見るのもイヤだという人の気持ちも理解できるが、僕はむしろ興をそそられるのだ。難解であるがゆえに、攻略したい欲が湧いてくる。

——一本遅い列車に乗った方が、乗り継ぎ時間が短くてスムーズにいきそうだ。

——本数は少ないけど、これに乗れれば一本で行けるな。

などと数字と睨めっこしながら、あれこれ思案するのが至福の時なのだ。ゲームに夢中になる感覚にも近い。単なるオタクと言われたらそれまでだが……。

トーマスクックの時刻表は、さすがは定番と言われるだけあって、よく練られ、作り込まれていると感じた。最初こそ何がなんだかちんぷんかんぷんだったが、慣れてくると直感的に目的の列車に辿り着けるようになる。

そう、使いこなすには慣れが必要なのだ。旅は始まったばかりで、パリからニースへ移動しただけである。この頃はまだ攻略するまでには至っていなかった。というのも、ここで手痛い失敗をしてしまったのだ。

事の顚末はこうだ。

ニース駅の窓口に並び、九時五十五分発の列車の切符を買おうとした。ところが僕が時刻表に印をつけ見せると、駅員さんは怪訝な表情を浮かべ、その時間には列車はない、といったようなことを言った。そして次の列車は十時五十八分発だとメモに書いて説明してくれた。

──時刻表からダイヤが変わったのだろうか。

一時間も違うことを訝しみつつも、あまり深くは考えずに僕はその十時五十八分発の切符を購入したのだった。

ちなみに鉄道パスを持っているのに切符を買ったのは、その列車もTGV同様に全席指定で、パスがあっても別途予約が必要だからだ。TGVでは八〇ユーロも取られたが、今回は追加料金は三ユーロと非常に安価だった。

そんなわけで予期せぬ待ち時間が生じた。いったんホテルに戻ろうかとも考えたが、別れの挨拶をしたばかりで再びヤーマンと顔を合わすのもなんだか気まずい。

結局、近くのマクドナルドに入ってコーヒーを頼んだ。原稿でも書いて時間を潰す魂胆だったが、ネットで日本のニュースなどを追っているうちに一時間なんてすぐに経ってしまった。

何かがおかしいと気が付き始めたのは、一時間後に再び駅にやってきた時だった。改札の上に掲げられた発着列車の案内表示に、僕が切符を買った十時五十八分発の列車が出ていないのだ。あれれ、なんでだろう。

改めてトーマスクックを取り出し、数字を目で追って——ハッとなった。

十時五十八分発の列車はちゃんと載っていた。ただし、それはニース発ではなく、イタリアのヴェンティミリア駅の発車時刻だったのだ。その列車に接続するのが九時五十五分にニースを出る列車だったというオチである。

ニースからヴェンティミリアまでは普通列車なので予約は必要ない。駅員さんはヴェンティミリア発の特急列車の切符を手配してくれたというわけだ。

分かりにくいので日本に置き換えるなら、東京駅発の成田エクスプレスの切符を東京駅

トーマスクックの時刻表が旅のパートナー。分厚いけど案外軽い。

以外のたとえば御茶ノ水駅で買い、発車時刻を御茶ノ水駅を出る時間だと思い込んでいた。つまりはそんな失敗である。

十時五十八分までにヴェンティミリアへ移動していなければならなかった。けれどその時間にニースにいるということは……もうこの特急に乗れるはずがなかった。

なんという愚かな失敗！

もう少しフランス語が分かれば、駅員さんもその辺の説明をしていた可能性はあった。けれど、時刻表まで持ち歩いているくせに、よく読まずに勝手に勘違いした自分の落ち度だ。

不幸は重なるもので、その十時五十八分発の後はなんと三時間以上も先まで列車がないのだった。雨には降られるし、列車には乗り過ごすし、なんだかのっけから散々な展開なのである。いやはやヨーロッパは手強い。

ヴェンティミリアまでの普通列車は、一時間に何本か出ていた。いつまでもニースにいるよりはと、ひとまず移動することにした。

昨日モナコへ行った際に乗ったのと同じタイプの列車だった。ニースからはモナコを経由し、イタリアへ入る。いちおうは国際列車のはずだが、取り立てて豪華さはない普通の鈍行だ。駅に停車するごとに乗り込んでくる人たちに緊張感が見られるはずもなく、地元の足といった感じでローカル臭が漂う。大きな荷物を抱えている乗客は僕ぐらいしかいない。ヨーロッパ域内では、国境の概念が希薄化して久しい。空路で移動する時も、イミグレーションなどは省略され、国内線のような気楽さで行ったり来たりできるのに毎度驚かされていた。正確に言えば、ヨーロッパの中でもシェンゲン協定に加盟している国どうしの移動ということになるのだが、西欧の主要各国は網羅している現状からすると、ほぼフリーと言ってよいだろうか。

通貨もユーロに統一され、いまでは計二十三ヶ国もが採用する。旅行者にとっては、両替に頭を悩ませなくていいのはつくづくありがたいことだ。

そんなことを考えていたら、列車はいつの間にか国境を越えていた。特別なアナウンスもなく、車窓に流れる看板の文字がフランス語ではないのを見て、国が変わったことに気が付いたのだった。

——二ヶ国目、イタリア。いや、モナコを忘れてはいけない。三ヶ国目だ。

終点のヴェンティミリアが、イタリア側の国境の駅である。到着したのは十一時二十分頃だった。何らかの理由で乗る予定だった十時五十八分発の特急の発車が遅れていることを密かに少し期待してもいたのだが、ホームには既に跡形もなかった。

改めて特急の予約をするのに窓口に並んだ。予想通りというか、時刻表の通りで、次の特急は十四時五十八分発とだいぶ先である。

パスを提示すると、追加料金はニースで買った時と同様に三ユーロだった。まあ金銭的な損害は軽微で済んだのは不幸中の幸いか。もしパスがなかったら満額支払っていただろうし、そうなると払い戻しができるのかどうか定かではない。いずれにしろ言葉が通じない状況では、難易度の高い試練に挑まなければならないところだろう。

出発までの三時間をどう過ごすかが問題だった。せっかくなので、街に繰り出したいところだが、外は依然として雨である。さらにはスーツケースも邪魔だった。駅にはコインロッカーや荷物預かり所はないらしい。

ヴェンティミリアは、ニースと比べるとだいぶこぢんまりとした駅だった。電気が消えている構内はやや薄暗く、あまり長居したい雰囲気ではない。

意を決して街に出てみることにした。お腹も減っていた。なんといっても美食の国イタリアである。

傘をさして、荷物をガラガラ転がしながら石畳の道を無目的に歩き回る。ガイドブックは持っていないし、あったとしてもこんな辺境の街の情報まで載っているか微妙なところである。

それほど大きな街ではなかったのは幸いだったと言えるかもしれない。キャスターで転がしているとはいえ、荷物の重さが手に負荷をかけるのだ。あまり長時間歩ける感じではなかった。

そうして歩いてみた感想を一言で言えば、ヴェンティミリアは素朴な街だった。大都市のようにブランドのブティックがあるわけでもなく、それでいて適度に商店やカフェ、レストランが点在しており田舎すぎるわけでもない。いたって普通の地方都市といったところか。

また、建物の色使いがフランスよりも明らかに派手になったのを見て、国が変わったことを実感した。フランスでは浮き気味だった僕の水色のダウンジャケットも、イタリアならそれほど違和感なく着ていられそうだ。赤や黄色の外壁に、緑色の窓枠が設えられている。木製の鎧戸《よろいど》や、くねっとしたデザインの街灯もポップでいい。

昼食に入ったのも、原色使いの派手な外観を持つ一軒家レストランだった。イタリア風に言えば、レストランではなくリストランテと呼ぶべきところか。中へ入ると初老のマダムがつつつとやってきて笑顔を浮かべた。素朴な雰囲気のこの街に似合いそうな優しげなマダムだ。

ツーリスト・メニューを注文した。前菜とメイン、デザートがセットになった、いわば日替わり定食である。一人だとアラカルトよりもこの手のセットメニューになりがちなのは、ヨーロッパ旅のお約束だ。

飲み物はどうするか訊かれ、水を頼もうかと思ったが、メニューにずらりとワインの銘柄が並んでいるのを見て我慢できなくなった。さすがにボトル一本はやりすぎだろうと自制心が働き、デキャンタにする。

本日も昼からワイン。うん、最高。

前菜にはパスタを選んだ。日本だとパスタはメイン扱いだが、イタリアではそうではないことは以前に来た時にも学習していた。さらに言えば、イタリア人はパスタを食べる時にスプーンは使わない。あれは日本ならではの習慣なのだとか。

出てきたパスタを一口食べた瞬間、僕は勝ち誇った気分になった。めちゃめちゃ美味しいのだ。何か特別な調理をしているわけではない。ごくごくシンプルなスパゲティであるのに、自分の中のパスタ観が塗り替えられるような衝撃を覚える。普通だけれど、普通がいい。歯ごたえ良し、味つけ良し。当然のようにアルデンテである。

美味しい料理を前にすると、必然的にワ

いたって普通のスパゲティでこんなにも感激できるとは！

インが進む。

ヨーロッパへ来るといつも思うことだが、こちらの料理はワインの存在が前提にある。いかにワインに合うかを意識して作られているのだ。料理が美味しければ、ワインの味も引き立つ。逆もまたしかりだ。

そして僕のような食いしん坊旅行者からすると、これこそがヨーロッパ旅行の最大の楽しみでもあったりする。絶品料理に舌鼓を打ち、美味しいワインが飲めさえすればもうそれで満足である。

ここまで悪天候に悩まされ、電車にも乗り遅れるなど、散々な展開にモチベーションが正直だだ下がりだったのだ。ようやくなんだかスカッとした気がした。

もし時間通りに電車に乗っていたら、この街で途中下車することはなかったのだと考えると、その巡り合わせに不思議な縁を感じる。我ながら都合のいい解釈だが、旅は先が読めないからおもしろい。悪いことがあれば、いいこともある。

――こうでなくっちゃ。

もやもやとしていた負の感情が一気に霧散し、ようし旅を楽しもうという前向きな気持ちが湧いてくる。たかが食事、されど食事。その力は侮れないのだった。

デザートのティラミス、いやティラミスー（と最後にオンビキを付けるのがイタリア流？）までしっかり完食。満腹満腹。もうこのまま日本に帰ってもいいかな、というぐらいの幸福感。ちょっと酔っ払いすぎたかも、だけれど。

それでも列車の発車までまだ時間が余っていた。

ならばここいらで、利用している鉄道パスについて少し触れておきたい。

ヨーロッパ域内の鉄道が乗り放題になる「ユーレイルグローバルパス」の存在はよく知られている。だが、僕が今回購入したのはそれではなく、「ユーレイルセレクトパス」の方だ。グローバルパスではイギリスを除く二十数ヶ国で利用可能なのに対し、セレクトパスはそれら加盟国の中から使用できる国を限定したものである。

三ヶ国、四ヶ国、五ヶ国の三種類があり、使用する国は利用者が好きに選べる（隣接する国であることが条件）。使える国が限られるぶん、当然ながらグローバルパスよりも料金が安価なのが最大のメリットだ。

また使用できる日数は、五日間、六日間、八日間、十日間、十五日間の中から選べ、日数が多いほど料金が高くなる。勘違いしやすい点としては、仮に五日間のパスだとしても別に五日連続で使用する必要はない。有効期間は二ヶ月で、その間に任意の五日間を選べるのだ。これはフレキシータイプと呼ばれている。

ちなみにグローバルパスの方は、連続使用タイプとフレキシータイプの二種類が用意されているが、フレキシータイプの方が料金がグッと高くなる。毎日列車に乗るのはあまり現実的ではないことを考えると、フレキシータイプが前提のセレクトパスは使い勝手のいいチケットと言えるだろう。

僕は五ヶ国、八日間のセレクトパスを選んだ。フランス、イタリア、スイス、ドイツ、ベネルクス三国の計五ヶ国。ベネルクス三国とはオランダ、ベルギー、ルクセンブルクのことで、これら三ヶ国に関してはまとめて一ヶ国扱いとなっているのも重要なポイントだ。五ヶ国のチケットであるのに、実質は七ヶ国に行けるのでちょっぴり得した気分。

料金については、購入する代理店によって異なる。ネットで手配したのだが、まったく同じチケットなのにサイトによって金額はまちまちだった。

これは裏を返せば、工夫する余地があるということだ。上手く下調べできれば安く手に入るかもしれない。お得な航空券を探すのと似た感覚である。

結論から言うと、価格を抑える抜け道に辿り着けたのだ。

ユーレイルセレクトパスは、日本以外の国でも売られている。試しにアメリカの販売サイトをチェックしてみて、表示された金額に驚いた。日本の旅行会社の販売価格と比べて随分安いのだ。

五ヶ国、八日間のセレクトパスが五七四ドルだった。この時のレートで約五万円。同じものが日本国内の某有名代理店では六万二二〇〇円で売られていた。なんと一万円以上もの金額差がある。

アメリカのサイトとはいえ、マルチ言語に対応しており日本語を選ぶこともできた（翻訳が怪しい部分も若干ありつつだが）。仮に英語のみだったとしても、買うものが決まっていればそれほど難しいことはない。

なによりありがたいことに、金額には日本への発送費用も含まれていた。ユーレイルセレクトパスは実物が必要で、航空券のようにイーチケットで済ませることはできない。発送時期の目安が案内されたのだが、きちんと

アメリカから届いたユーレイルセレクトパス一式。ガイドも同封。

その通りに東京の我が家に届いたのには感動した。それもご丁寧にもフェデックスで。とまあここまでは、計画段階での最低限の知識である。いざ使用するにあたっても、いくつかのルールが定められている。これ以上書くと脱線がさらに長くなりそうなので、それらについては追々紹介するが、とりあえず一点だけ。

パスを利用する際には、一番最初の乗車時にヴァリデーションと呼ばれる手続きが必要となる。使用開始日を証明するためのもので、駅の切符売り場でスタンプを押してもらうのだ。僕もパリのリヨン駅で手続きは済ませてあった。

そのうえで、使用する日付をパス上の指定の空欄に自分でその都度書き込んでいく。八日間の切符なら八ヶ所の空欄があり、それらがすべて埋まると利用終了となるわけだ。ちなみに鉛筆書きは後で消せるので不可。

ヨーロッパの鉄道駅には改札が存在せず、切符は乗車前に専用の機械に自主的に通し刻印しておかなければならない決まりだが、考え方としてはあれと同じである。ヴァリデーションをせずに乗った場合や、日付を書き込むのを忘れると、検札時に不正乗車とみなされ、運が悪いと罰金を科されるという。

以上、鉄道パスの説明である。

それで話はようやくヴェンティミリアに戻るのだが、ここで僕は少し頭を悩ませてしまったのだ。パスがある場合でも座席指定が必要で、窓口で追加料金の三ユーロを支払ったことは前述した。引き替えに座席番号が書かれた切符をもらっている。

ふと疑問が頭を過ったのは、列車に乗り込み、座席に落ち着いた段になってのことだった。

——そういえば、もらった方の切符に刻印してないけど大丈夫なのかな？

パスについては、ヴァリデーションを済ませ、日付を記入すればその都度駅で刻印する必要はない。だからすっかり失念していたのだ。もし必要だったとすると、後でトラブルの種になる。

不安要素は極力排除したい性格なのだ。小心者ともいう。念のため、刻印しに戻ろうかとも思ったが、いまにも発車しそうだった。優柔不断な性格でもある。ぐずぐずしているうちに、列車はゆっくり動き始め、ヴェンティミリアを後にしたのだった。

その後、疑問の答えは結局分からずじまいだった。車内では検札がやってはきたものの、ほとんどノーチェックだったのだ。車掌さんは僕のパスと座席切符を一瞥しただけで、何も言わずに立ち去っていった。イレギュラーな乗客で面倒と、スルーされたのかもしれなかった。イタリアらしいと言えば、らしいのだが……。

肝心なことを書き忘れていた。次の目的地はミラノである。

(5) 大聖堂と中国人とピザ

イタリア西部の沿岸をひた走った特急列車は、ジェノヴァから内陸部へ入り北上を始めた。座席はコンパートメントになっており、一室を四人で共用していた。僕以外の三人もみなヴェンティミリアから乗ってきた客で、ジェノヴァで誰も降りなかったということは、恐らくこのままミラノまで一緒なのだろう。

短くない時間を狭い空間で一緒に過ごすわけで、偶然に同室となった客どうし、なんとなく微妙な連帯感のようなものが生まれてくるのは自然の流れだった。さながら運命共同体といった感じ。

とはいえ、僕はイタリア語はからっきしダメなので、話しかけられても応じられないのがもどかしい。せめてにこやかに応対し、網棚への荷物の上げ下ろしを手伝うなどして、自分の無害ぶりをアピールする。

コンパートメントのちょうど窓の下あたりに、電源のコンセントが備え付けられていた。通路側に座ったオバサンが、ｉＰｈｏｎｅを充電したいので挿してくれとアダプタを渡してくる。窓側の僕の席のコンセントは、既に僕のｉＰｈｏｎｅを充電中だったため、向かいに座っていた女性が自分のコンセントにそれを挿してあげた。

持ち主である通路側のオバサンは、充電しながらもｉＰｈｏｎｅは使用したいらしく、必然的に電源ケーブルが窓側の女性の膝の上を横断する形になったのだが、女性もオバサンも気にするそぶりはない。これが日本だったら、お互い遠慮して気まずい空気が流れる可能性はある。無意味な遠慮などしない方が清々しい。

女性の方は、キンドルのような端末で読書をしているようだった。イタリアでも電子書籍が市民権を得ているのだろうか。彼女に触発され、僕もｉＰａｄで本を読むことにした。パリに着いてから日本の電子書籍サイトで買った日本語の小説である。

日本にいなくても日本の本が買えるなんて、以前には考えられなかった。テクノロジーの進化は旅人に革命をもたらす。タップするだけで簡単に買えてしまうので、つい考えなしに衝動買いが進む。

小説ならまだしも、危険なのが漫画だ。実はこの旅に出てすぐ、確かこれまたパリにいた時に、『ドラゴンボール』のコミックスに手を出してしまった。一巻だけで満足するはずもなく、その後隙を見ては買い足し続けて、早くも六巻に突入している。全四十二巻もある作品だ。この旅の間中に読破してしまいそうな勢いでゾッとする。孫悟空はレッドリボン軍と激闘中だが、それを読んでいる僕は理性との狭間で先を読みたい誘惑と絶賛格闘中だったりもする。なんのこっちゃ。

話が脱線したが、列車の旅とはそういうものでもある。移動という名の空き時間をいかに有効活用するかも、何気に重要な課題になってくる。僕なんかは自分の時間が取れるのはむしろ贅沢なことだと考えるのだが、暇を持て余すタイプには向いていないかもしれない。

振り返れば日本からパリに飛んでくる際も、十一時間もの飛行機移動が密かに楽しみだった。本を二冊読了し、酒をかっくらってグースカ寝ているうちに、気が付いたらパリに着いていた。あっという間すぎて、ワープしたみたいな驚きがあった。

列車の旅が飛行機と違うのは、窓から見える景色が目まぐるしく変化することだろう。小説を読み進めながらも、目線は時折車窓に向かう。日が落ち始めたのか、次第に薄暗くなってきていた。本来であれば、とっくの昔にミラノに着いていたはずで、出遅れてしまった自分の腑甲斐なさを呪った。

列車がミラノ中央駅のホームに入った時には、完全に外は真っ暗だった。結局同室の四人はヴェンティミリアからずっと同じメンツで、無事に着いたことで妙な達成感がコンパートメントには満ちていた。

大きな荷物を網棚から下ろしてあげると、オバサンは相好を崩し言った。

「グラッツェ」

ありがとう、という意味のイタリア語であることぐらいは知っている。

けれど、「どういたしまして」はなんて言うのか分からなくて、僕は口籠もってしまったのだった。


ミラノ中央駅へ来るのはこれで二度目だった。新婚旅行と称して夫婦で出かけた世界一周旅行の途中で立ち寄って以来、およそ十年ぶりである。

その時の印象で華やかな駅というイメージを抱いていたのだが、想像していた以上だった。途轍もなく巨大で、とにかく人が多い。ヴェンティミリアがいかに田舎だったかを思い知らされ、僕は目が回りそうになった。お

ミラノに到着。写真を撮っていたら、お上りさんになった気分に。

上りさんの心境である。

おまけに駅舎が壮麗なことにも目を瞠った。時代がかった壁の装飾や、これ見よがしに飾られた石像が堂々の貫禄を見せる。そして、それに対比するようなホーム上のややモダンなアーチ型屋根の演出。モノクロで写真を撮りたくなるような古めかしさの中に、近代的な駅としての機能を兼ね備えている。駅というよりも、どこかの博物館に迷い込んだようでもあった。

じっくり見学したい欲も芽生えたが、荷物はあるし、時間も遅いので早めに街に繰り出したいところだ。それにウットリ見惚れているうちに、うっかりスリに遭うリスクもここでは忘れてはならない。イタリアでは気を付けろ、というのは旅人の定説である。新宿駅も真っ青な人波なのだ。いかにもお上りさんといった感じでキョロキョロしている僕なんかは、自分で言うのもなんだが格好のターゲットだと思う。

ヴェンティミリアからの列車の中で予約を入れていたのは、駅からすぐ近くのホテルだった。行き当たりばったりな旅をしていても、ネットさえあればその日の寝床は確保できるとは便利な時代になったものだ。

五分も歩かないうちに辿り着いてチェックインする。特筆すべきことのない、ビジネスホテルのようなところだったが、立地や機能性を考えると何の不満もない。実は思いのほか宿泊費も安く済んだ。一泊四五ユーロは、いまのところこの旅最安の宿だ。

ヨーロッパを列車で旅しようという動機だけでここまで来たが、少しずつ旅の勝手がつかめてきていた。ホテル選びのコツを強いて挙げるなら、駅近くというのは一つの指針になるだろうか。列車が着いて、駅からそのまま徒歩でチェックインできるような場所だとすこぶる便がいい。

出発する時も、どうせまたその駅へ戻ってくるのだ。ミラノのような都会になると、ホテルの選択肢が膨大なので途方に暮れそうになるが、列車旅なら迷わず駅近の物件を選んでおくと間違いがなさそうだ。

荷解きを素早く済ませると、僕は夜の街に繰り出した。目指すはミラノの中心、ドゥオーモである。言わずと知れたミラノを、いやイタリアを代表する大聖堂である。実は前回訪れた際には、あいにくの工事中だった。十年の時を経て、あの旅での無念を晴らすチャンスがやってきたというわけだ。

着工から五百年もの歳月を経て完成に至ったというゴシック建築は、ライトアップされ、厳かなさまを暗闇に浮かび上がらせていた。地下鉄の駅から階段を上がり、地上に出た瞬間ドドーンと目の前に現れるから、心の準備をしていないと「うおっ」と驚きの声を上げてしまう。圧倒的な存在感。まさに街のシンボルである。

ドゥオーモ周辺は一大繁華街になっていて、ブランドのブティックやカフェなどが軒を並べる。昼間であればジェラート片手に冷やかし歩きたくなる晴れやかな通りも、時間も時間ということで少々寂しげな雰囲気だ。営業を終え店じまいを始めているショップが多く、やはり出遅れてしまったのだなあと本日の失敗を再び反省する。それでも道行く人が絶えないのは、さすがはミラノといったところか。

世界に名だたる観光地ということで、ここでも目についたのが中国人観光客だった。一時期に比べれば中国の景気は落ち着いたと言われるが、有名ブランドの紙袋を両手に抱え堂々と闊歩する彼らの姿を見ると、やはり勢いを感じざるを得ない。

数年前にローマへ行った時にも、目にする

ドゥオーモでも生憎の雨。工事中のブルーシートがないだけマシか。

アジア系がことごとく中国人であることに複雑な心境になったのを回想する。イタリアに限らない話かもしれないが、とくにイタリアは中国人に人気がある気がする。

しかしイタリアまで来ておいて中国のことを考えるのも、なんだかなあと自嘲する。そうか、お腹が減っていたのだ。ここは中国に負けず劣らず美食の国。ヴェンティミリアでの至福のランチの余韻もいまだ残っている。

——ピザが食べたいかな。

夕食の候補として浮上したのはピザだった。本場のピザ、それもできればシンプルなマルゲリータがいい。我ながらベタすぎるが、食べたいものは食べたいのだ。

こういう時に嗅覚が働くのは、食いしん坊の証拠だろうか。

あてどもなく散策している中で、一軒のレストランが目に留まっていた。ドゥオーモ近くという立地ながらも、メインの通りからは路地を少し入ったところにあるせいか、下手に媚びた雰囲気はない。

イタリアに限らず、外国で食事処を探す際に自分の中で設けている基準がある。基本は地元の人向け、でも観光客でも適度に馴染めそう。最高なのはそんな店だ。あまりにローカル度が強すぎるとハードルは高いが、モロに観光客向けなのも避けたいのだ。ワガママな発想だが、このへんのバランスがちょうどいいと心安まる。

そんな基準にストレートで合致しそうな店を見つけたのだった。

中へ入ると、小さなテーブル席に案内された。二人掛けの片方にカバンを置き、席に着く。一人旅でも入りやすそうに見えたのだが、まさにビンゴであった。メニューを見ると、ピザの欄が充実しているのに内心ほくそ笑む。マルゲリータと、あと平麺のパスタを注文した。本来であればメイン料理も注文すべきなのだろうが、さすがに一人だと食べきれない。

「どちらを先にお持ちしますか？」

ヒゲの店員さんにこう訊かれ、僕は一瞬戸惑った。ピザをメインと考え、とりあえずパスタが先でとお願いする。飲み物は当然のようにワインだ。

日本を出発する直前はなんだか妙に忙しくて、ゆっくりお酒を楽しむ余裕もなかった。その反動もあるのか、フランス、イタリアと飲んでばかりだ。旅に出た途端、箍《たが》が外れたようにノンベエ化するのはいつものことなのだが……。

手持ち無沙汰なのでついｉＰｈｏｎｅをいじりたい衝動にかられるが、実は最近は以前ほど旅行中には見ないようにしている。

地図を表示させたり、宿を予約したり、情報を検索したりといった、実用面では完全に頼り切っているのはいまも変わらない。けれどそれら以外の、いわゆる暇つぶし用途でスマホを使い始めると、際限なくネットを見てしまう。ゆえに、自重しているというわけだ。向き合うべきは小さな液晶画面よりも、目の前に広がる異国の方だ。

店内を見回すと、僕のように一人でワイングラスを傾けている客が案外多いことに驚き、そして仲間意識を抱く。ただし同世代より下はいなさそうで、自分もまだ若い方かなと自意識過剰気味に安心する。

二十代のまだ独身だった頃、一人で外で酒を飲むなんていう発想は正直なかった。当時は単に幼かったのだろうが、そんな自分もすっかりオヤジ化したとも言える。一人酒の喜びに目覚めたいまは、こうして孤独に杯を重ねることに抵抗はない。時には寂しさも募るが、一人で物思いに耽《ふけ》る時間も大切にしたいと考えるようになった。

しかも異国の地である。自分のことを誰も知らない。ましてや言葉も通じない。さらに言えば締め切りから解放され、無意味なしがらみに縛られることもない。これ以上を求めたら罰が当たりそうなほど、贅沢な瞬間である。

ある種の、してやったり感――。

これが味わいたくて、一人でも旅に出るのかもしれない。

酔いが回るとつい感傷的になる。独白めいてしまったが、パスタもピザもやたらと美味しくて、さらにぐいぐいワインが進んだことは記しておきたい。

第二章　スイス〜リヒテンシュタイン〜ドイツ

（6）クール・イズ・クール！

午前中の出発となった。ミラノには一泊しただけで、もう次の街へ向かう。

次の街を目指すにあたって、中継地点としてミラノがちょうど良さそうな位置にあるため立ち寄った、というのが真相だったりもする。

そう言うとミラノがまるでおまけのように聞こえるかもしれないが、そうではない。そもそもが成り行きまかせの旅なのだ。臨機応変に行き先は変えていく。そのうえで縁あって訪れた街は結果的には目的地となる。先の展開が読めない旅ならではと言えるだろうか。

目指す次の街はクールというスイスの田舎街だ。正直なところ、この旅を始めるまでは存在すら知らなかった街なのだが、クールへ行こうと決めたのはある理由からだ。

実は乗ってみたい列車があった。その名もベルニナ急行という。

標高差約一八〇〇メートルものアルプスの峠を越える山岳鉄道で、世界遺産にも登録されている。最大のウリは、絶景を楽しむための仕掛けとして、屋根までの大きな窓で覆われたパノラマ車両が運行していること。単なる移動ではなく、列車そのものが観光になるという一風変わった路線である。

鉄道パスの対象区間ながら、パノラマ車両に乗るためには座席指定料金が別途必要だった。調べたところ、ベルニナ急行を運行するレーティッシュ鉄道社のサイトから座席予約が可能なことを知り、ミラノへの特急列車での移動中にスマホから予約を入れていた。画面に表示されるシートマップを見ながら、具体的にどの座席にするかまで選べる。クレジットカードで決済を済ませると、航空券のようにイーチケットがメールで送られてきた。ネットさえ繫がれば、急に思い立ってもスムーズな旅ができるのは本当に楽チンだ。

ベルニナ急行のイタリア側の出発駅があるのは、ティラーノという街だった。ミラノからは乗り換えなしで一本で行けるが、本数が少なく、時間に間に合わせるためには午前中の列車に乗る必要があったというわけだ。

ホテルをチェックアウトし、ミラノ中央駅へ向かう。朝食は駅の近くのカフェテリアで済ませることにした。バゲットにサーモンとクリームチーズが挟まったサンドイッチと、カプチーノを注文した。

お代は五ユーロ一〇セントだったが、財布を見たらあいにく硬貨の持ち合わせがない。一〇ユーロ札を出すと、五ユーロのお釣りが返ってきた。なんと一〇セントはおまけしてくれるという。些細なことだが、こういういい意味でのゆるさがいかにもイタリアらしくてうれしくなった。去り際の印象がいいと、また来ようという気になる。

ここで一つ、疑問が生じた。ティラーノまでの列車は追加料金が必要か否か。パリを出てからここまですべて、鉄道パスを持っていながらも、特急料金や座席指定料といった追加の支払が別途必要だったからだ。窓口で並んで訊いてみると、英語で一言こう返された。

「フリー・シート」

なるほど。ようやく鉄道パスだけで乗れる列車にありつけたのだった。

目当ての列車が何番ホームから発車するのかは、リヨン駅同様、直前になるまで告知されないようだった。電光案内板の前にたむろしている乗客に混じって待機し、番号が表示された瞬間に慌ててホームへ移動する。

高速鉄道や特急列車ではなく、ごく普通の鈍行列車だった。とはいえ、車内は広々とし

ミラノ駅の切符売り場は、番号札を取って待つシステムだった。

ており、乗客はポツポツいる程度。本数の少なさから予想はしていたが、いわゆるローカルな路線のようで、外国人は自分ぐらいしか乗っていなさそうだ。

ただし、走り始めて間もなく、車掌さんが検札に現れた。鉄道パスにはきちんとボールペンで今日の日付を記入してある。それを見せると、「グラッツェ」と言って笑顔で立ち去っていった。

約二時間半の列車旅だった。乗る前は惰眠をむさぼろうという魂胆もあったのだが、スイス国境へ近づくにつれ地形は山がちに変化していくのを見て、興奮と期待感から眠気が吹き飛んだ。

そういえば、スイスを訪れるのはこれが人生初めてなのである。これまで世界の八十ヶ国以上を旅したが、なぜかスイスは行き逃していた。メジャーながら未訪問の国はまだまだ結構多いのだ。フランス、イタリアと知っている国が続いただけに、初めての土地へ出向くワクワク感が込み上げてくる。

ティラーノはその列車の終点駅だった。到着しホームへ降りると、まずはその辺境感に目を瞬かせた。建物の空間密度が薄く、歩いている人も非常にまばらだ。ヴェンティミリアも田舎街だと感じたが、さらに上を行くのどかさに鼻歌を口ずさみたくなったほど。大都会ミラノから来ただけに、激しい落差に旅をしている手応えを感じる。なんだか盛り上がってきたのだ。

駅前で数軒だけ営業していた食堂で軽く昼食を済ませ、ベルニナ急行の駅へ向かう。駅舎は、イタリア国鉄のティラーノ駅を出てすぐ目の前にあった。

こぢんまりとしているが、近代的でスクエアな建物は、周囲のイタリアの田舎街的景観からは少々浮いて見える。同じヨーロッパでも、国が変わるとガラリと雰囲気が違ってくる典型例のようだ。

建物に入り、真っ先に視界に飛び込んできたものに僕は目を瞠った。

「ティラノ」

そう日本語で、カタカナで書かれた木製の看板が掲げられていたのだ。しかも、

「寄贈　姉妹鉄道　箱根登山鉄道株式会社」

とその下にある。いやはや、まさかこんなところで日本との繋がりに出合うとは。しかも箱根登山鉄道とは。東京では小田急沿線に住んでいる者として、箱根はとくに

予期せぬ「日本」、それも「箱根」の登場におやっとなった。

馴染み深い土地なのだ。急速に親近感が湧いてきたのは言うまでもない。

スイスの鉄道は、世界一時間に正確だと聞いていた。ラテン気質のフランスやイタリアとは一味違うという。これもお国柄と言えるだろうか。だからしっかり時間に余裕を持ってやってきたのだが、一つしかない小さなホームには、既に発車準備を終えて待機している列車の姿があった。

お待ちかねのパノラマ列車である。

パッと見の印象を述べるなら、未来の列車——とでも言えようか。流線型のフォルムを包み込むような形でガラス張りの窓が覆う。車体の色が真っ赤なのも非常に個性的で目を引いた。

ヨーロッパの列車のお約束とも言える、客が自分でその都度開ける式のドアだった。ボタンを押して中へ入ると、内部もかなり特徴的でさらにテンションが上がる。見るからに眺めが良さそうだった窓は、想像していたよりも開放感で満ちている。これ以上ない最高の見晴らしを確約され、出発が待ち遠しくなった。

果たして、予定時刻の十四時三十三分ぴったりに列車はティラーノを発車した。うれしい誤算があった。僕が乗っている車両だが、なんとほかに乗客が一人もいないのだ。世界遺産の絶景列車を独り占め。これには飛び上がりたくなった。

誰も見ていないのをいいことに、カメラをセルフタイマーにして自分入りの写真をポーズ付きで撮りまくる。そしてその場でフェイスブックに投稿してみると、すぐに日本にいる友人たちからの反応があってさらに調子に乗った。

国が変わったことを知ったのは、スマホの液晶画面に表示されるキャリア名が違うものになったからだった。例によって国境や入国審査なんてないし、何の前触れもなく、いつの間にかイタリアを出国し、スイスへ入っていたようだった。たまに流れる車内アナウンスも、英語以外にはイタリア語ではなくドイツ語である。明らかに違う文化圏に入った。

ここからは北上をして、ドイツを目指すのだ。列車はぐんぐん高度を稼いでいく。蛇行に

広い空間を独り占め！　小心者のくせに調子に乗ってドヤ顔の図。

次ぐ蛇行を続け、険しい山をものともせずにアルプスの奥へと分け入っていく。動きの割には、カーブを曲がる時なども実に滑らかで、線路に吸い付くようにして走行するハイテクぶりである。

ただし、気がかりなこともあった。標高が上がるにつれ、天候が悪化していったのだ。前のめりでいた上げ上げのテンションに水を差される格好となった。考えたら、乗客が全然いないのは当然だった。季節的にはオフシーズンなのだ。

もちろん、僕も馬鹿ではないので予想も覚悟もしていた。夏の方がベストであることは納得のうえで、あえて雪景色のアルプスを堪能しようという心積もりだったのだが、欲を言えば青空を期待していたのも正直なところだった。

山を一つ越えるごとに、次の街が現れ、列車は停車する。小さな街ばかりだが、ようやく乗客がちらほらと増え始めた。僕のようなお気楽な観光客だけでなく、地域に住む人たちの貴重な足としても活躍している列車のようである。

いくつかの街を抜け、峠がますます険しくなるに及んで、ぱらついていた雪が本降りに変わり始めた。そうして遂には猛吹雪の様相を呈してきた。車窓は真っ白で視界が遮られ、数メートル先も見えないほどだ。

あちゃあ……頭を抱えたくなったが、相手は天気、こればかりは太刀打ちできない。

路線の最高地点に到達したと英語でアナウンスが流れ、その直後に駅に停車した。駅名は「Ospizio Bernina」と看板に書かれている。駅舎がポツンと佇むだけでほとんど無人に見える駅だが、ここで五分ほど停車するという。

なにせこの雪である。乗客の中にはホームに降りて記念撮影をする勇者もいたが、僕は開いたドア越しに車内から一枚だけパチリと撮って席に引き返した。

標高は二二五三メートル。富士山の五合目と同程度の高さか。

見ると未開封のポテトチップスがぱんぱんに膨らんでいた。ニースで買ったものの、食べる機会がなく、ここまで持ってきてしまったポテトチップスである。

それにしても、とてつもない豪雪だ。雪景色を楽しみにしてはいたものの、度を越した振りっぷりを前に僕は茫然としてしまった。

そして、ふと一週間前の記憶が頭を過った。

実は僕は北海道へ行ってきたばかりだった。それも札幌のような都市部ではなく、網走である。オホーツク海の真冬の風物詩、そう流氷を見に出かけたのだ。

実家が道内にあるため、北海道の厳しい冬にはそれなりに免疫があるつもりだった。それゆえ舐めてかかったせいもあるのだろう。網走の冬は格が違うという感じで、僕は参ってしまったのだ。

数歩先すら見えない猛吹雪の中を、スーツケースを抱えてホテルまで徒歩で向かうという辛い事態に直面した。後から振り返ると笑い話のネタができて良かったとも言えるが、現場にいる時は文字通り必死だった。

どういうわけか今年は雪にやたらと呼ばれているようで、さらに少し遡ると秋田県までかまくら祭りも見に行っていた。秋田に関しても、車道の脇に人間の背の高さを上回るほどの雪の壁ができているような洒落《しゃれ》にならない豪雪ぶりだったが、比較するなら網走の方がより雪深いという感想だ。

その網走をも上回るようなレベルのとんでもない雪景色。それがベルニナ急行に連れられて辿り着いた山頂で、僕の目の前に広がっていたというオチである。

もう参りましたと白旗を揚げる次第。

これはこれでなかなか経験できないというか、非日常感があるというか、そんな風に前向きに考えるのが精一杯。まあ、負け

高原の避暑地だろうか。移り変わる車窓の風景を楽しむという観光。

惜しみというやつである。

最高地点を過ぎた後は、今度は少しずつ高度を下げていった。幸いにも雪の勢いにも陰りが見え始め、やがてまたぱらつく程度になったことで、パノラマの景観が戻ってはきた。ようやくしばしの絶景観賞。

でも、すぐに日が傾いてきた。冬は日没が早いのだ。もういいよ。改めて夏にもう一度来ようと心に誓った。今回はなんだかそんなのばかりだなあ。

頭を切り換えて、今夜の宿探しを始める。ベルニナ急行の終着駅クールからは、列車を乗り継いで今日のうちにチューリッヒまで出ることもできそうだったが、無理して先を急ぐのはもったいない。

それにクールという街が気になっていた。どんなところか皆目見当がつかないが、こうして出合ったのも何かの縁。チューリッヒのようなメジャーな都市よりも、あえて多少マニアックな街に泊まる方がおもしろそうな予感がする。

何より、名前の響きがとてもいい。

「クール・イズ・クール!」

そんなダジャレを口にしてみたい。我ながら間の抜けた発想だが、旅の動機なんていつもその程度だったりする。結局、到着する直前に、クールのホテルにネットから予約を入れた。

四時間強のパノラマ列車の旅が終わりを告げる。車掌さんが現れ、お土産にどうぞとティーバッグを配っていった。予期せぬサプライズに、最後に少しだけ救われた気がしたのだった。

クールに到着すると、予想に反して真新しい駅舎が出迎えてくれた。ここまで訪れた駅はどこも、いかにも古き良きヨーロッパという感じで、良くも悪くも味のある建物ばかりだった。対してクール駅はずいぶんと近代的なのだ。まるで日本の新興のベッドタウンの駅のようにも見える。アルプスの田舎街のイメージでやってきた僕は少々面喰らったのが正直なところだった。

改札はなく、ホームから地下に降りると、ちょっとしたアーケードになっている。案内所があったので立ち寄り、まずは地図を手に入れる。スタッフの女性に話しかけると、聞いてもいないのに親切に予約したホテルまでの行き方を教えてくれた。

そのすぐ隣が切符売り場になっていて、ここで両替もできるという。スイスはEUには加盟しておらず、ユーロではないのだ。通貨はスイスフラン。僕はとりあえず一〇〇ユーロを両替した。

普段はATM派なのだが、この旅ではユーロの現金を日本から多めに持参してあった。ドルやユーロといったメジャー通貨に関しては、レートがいいタイミング、要するに円高の時に意識的に替えてストックするようにしている。ささやかな財テクも兼ねつつ、今回のように使うべき機会を得たら一気に放出するというわけだ。自分としては、いわば虎の子のユーロであった。

駅を基点に道路が真っ直ぐ延びていた。沿道には洋服屋やカフェなどが点在する。駅前の商店街といった感じだが、ここも駅舎同様妙に綺麗で近代的だ。

案内所で教えられた通りに進んでいくと、大きな交差点に行き当たった。そこを横断すると——突如として景観が様変わりしたのだ。石畳の小径に背の高い古びた建物がずらり立ち並んでいる。建物と建物が隣どうしくっ

クールの駅前は予想に反して妙に近代的だった。通行人は少ない。

つくように林立しており、窓は主に通りに面する側にのみ備え付けられている。その数から四階建て、ないしは五階建てと推察できる。幅が狭い建物は、正面から見るとても細長くノッポだ。そしていずれの建物も屋根は三角形。

喩《たと》えるなら、童話の世界に迷い込んだようなメルヘンな街並みである。先ほどまでの近代的な雰囲気とは別の街のようだ。

後で調べたところ、クールはスイスで最も古い歴史を持つ街なのだと知った。いわゆる古都というやつだ。駅やその周辺が真新しいのは、あちらは新市街だからだ。

既に日は落ち、電球の薄明かりが石畳をドラマチックに照らしている。期せずして、絵になる街に辿り着いた幸運に感謝する。予備知識ゼロでうっかり訪れたわけだが、こうして時には当たりをひくことがあるから旅は本当におもしろい。

小さな道が入り組み、迷路のようになっているのもいかにも古い街ならではだった。少々迷いながらも、目的のホテルに到着する。やはりノッポで三角屋根の建物。階段を上がった二階がフロントになっていた。

「こんばんは。チェックインをお願いします」

突如現れた闖入者《ちんにゅう》を見て、スタッフらしき女性はなぜかきょとんと佇立《ちょりつ》した。そして流暢な英語でこう言った。

「予約はしてますか？」

「はいヨシダと言いますが……」

僕は訝しみながらパスポートを提示した。女性はそれを見ながら、パソコンで確認しているようだった。続く台詞に僕は耳を疑った。

「予約が入っていないようですが……」

…………えっ。そんな馬鹿な、という事態である。

しかし、冷静に考えたら思い当たる節があった。予約をしたのはついさっきのことなのだ。まだ一時間も経っていない。

「少し前に予約したんです。メールを見ますか？」

僕は予約サイトから送られてきていた確認メールをｉＰｈｏｎｅに表示させ、女性に差し出した。それを見てようやく納得したのか、苦笑いを浮かべながらチェックインの手続きを始めたのだった。

「うちにはまだメールが来ていなくて、確認できないのですが、とりあえず部屋は空いてますので。ええと、料金はいくらでしたか？」

なんだかぎくしゃくしながらのチェックインとなった。ホテルといっても、こぢんまりとしたB&Bのようなところである。日本で言えばペンションのような宿。まあ無事泊まれることになったので、結果オーライということか。

とはいえ、暗雲が立ち込めたように思えたのは最初だけだった。泊まってみると、実に素敵なホテルだったのだ。

まず、何よりも部屋がいい。空間が広々としており、インテリアは木目調で温かみがある。若干メルヘンではあるものの、可愛らしすぎず適度なレベル。いい歳した大人でも落ち着いて寛げる雰囲気だ。

フロントの隣にはレストランがあって、満席になるほどに賑わっていた。駅の案内所で名前を伝えただけですぐに通じたので、有名な宿なのだろうなあとは想像していたが、レストランとしても地元では名の知れたところなのかもしれない。

僕も夕食はここで取ることにした。

「今晩は予約でいっぱいなのだけれど……」

そう最初は断られたのだが、不憫に思われたのか、先のチェックイン時にお世話になった女性が働きかけてくれ、特別にテーブルを用意してもらったのだった。クールという名とは裏腹に、この街の人たちはハートウォーミングだ。

ホテル予約の際には、僕はネット上のクチコミを参考にすることが多い。クールの宿を決めるにあたっても、軽く調べてみたのだが、日本語のクチコミはほとんど見つからなかった。

マイナーな街になると、英語の情報に頼らざるを得なくなる。

英語のクチコミサイトでランキング上位に入っていたのがこの宿だった。

日本人と欧米人では、ホテルに求めるものや、評価の物差しにズレがあるとは常々感じていた。だから、あまり期待を抱かずに訪れたのだが、いい意味で期待を裏切ってくれたのだった。

もし将来的にクールを再訪することがあったなら、また泊まりたいと感じた宿だった。せっかくなので名前を書いておく。「Zunfthaus zur Rebleuten Hotel」という長い名の宿だ。クールへお越しの際はぜひここに！

（7）物価高に負けるべからず

旅行中は早起きするに限る。

まだ朝靄《あさもや》のかかる中、カメラ片手に外に出た。

明るい中で改めて見て、クールは大変麗しい街だと感じた。規模はそれほど大きくないものの、古都の風情をたっぷり漂わせており、中世ヨーロッパにタイムスリップしたような感覚が味わえる。

ワンちゃんを連れ日課の散歩としゃれ込んでいるおばちゃんや、キックボードで坂道を勢いよく下りながら朝からはしゃいでいる小さな子どもなど、のどかで平和な光景に僕は目を細めた。

そして極めつけは、街を見下ろすようにして天高く聳《そび》え立つ雪山の存在。アルプスに抱かれた静かな街は、忙《せわ》しない旅をする者にしばしの安らぎを与えてくれるのだった。

荷物をまとめチェックアウトする。今日はもうスイスを出て、ドイツへ向かう予定なのだ。日本からやってきた友人とフランクフルトで落ち合うことになっていた。

来た時と同じ道を引き返し、石畳の道を駅へと急ぐ。時刻表を見ると、列車の発車まで十分を切っていた。早起きした割には、のんびりしすぎて慌ただしい出発になってしまった。旅も中盤戦を迎え、気がゆるみ始めてきたのかもしれない。

実はかなり欲ばりなスケジュールを組ん

可愛らしい建物多し。フォトジェニックな街へ来ると心浮き立つ。

でいた。フランクフルトへは真っ直ぐ向かわずに、途中寄り道をしていく。

最初の目的地は、リヒテンシュタインである。

スイスとオーストリアの国境付近に位置する、世界でも六番目に国土が小さい独立国。モナコで味をしめたわけではないが、またしてもヨーロッパの小国を目指す形となった。フランスから数えて五ヶ国目か。国数にカウントするのも憚《はばか》られるようなところだが、国であることは事実なので、しれっと五ヶ国目としておく。

クールから北上し、途中のサルガンスという駅で降りた。

普通列車である。乗車時間わずか二十分だが、車窓から雪山に見惚れていると検札がやってきた。さすがに僕ももうだいぶ慣れてきた。自信満々に鉄道パスを提示したのだが、車掌さんはコホンと漫画のような咳をし、一言。

「パスポート・プリーズ」

あら、なんだろう。大人しく差し出すと、車掌さんはパスポートを見ながら、僕の鉄道パスに何かを書き込んでいる。返ってきたものを見て得心した。パスポート番号を記入していったようだった。

完全に見落としていたが、パスには番号を記入する欄があったのだ。フランスやイタリアではノーチェックだったなあと回想する。スイス人の生真面目さを垣間見た気がした。

サルガンス駅で降りたのは、ここからリヒテンシュタインへ向かうバスが出ていると知ったからだ。小さな駅舎のほかには何もないところだった。

荷物をどうしようか気を揉んでいたのだが、コインロッカーがすぐに見つかった。カバンを入れ、コインを投じるのに財布を開けたら細かいお金がなかった。

仕方ないので、キオスクで飲み物でも買って崩すことにした。陳列されている商品を見て、その値段の高さに一瞬怯む。ペットボトル入りのジュース類が三フランもする。一番安い紙パックのものを手に取った。これでも二・五フランか。スイスは物価が高いと聞いていたが、まさにという感じだ。

ストローでチューチューしながら、再びコインロッカーへ。今度こそと、お金を入れようとしたら、またここで躊躇した。ロッカーの料金は八フランなのだが、手元には五フラン硬貨一枚と二フラン硬貨が二枚しかないのだ。キオスクへ戻るのもさすがに億劫なので、しぶしぶそれら計九フラン分の硬貨を投じた。お釣りは当然のように出てこなかった。

駅の目の前がロータリーになっていて、バスが一台停まっていた。運転手さんが外に出て煙草を吸っている。声をかけて訊いてみると、リヒテンシュタインまで行くという。バスの発車時刻までは調べていなかったので、タイミングの良さにほくそ笑んだ。

紙パックのジュースは、バス停のそばのくずかごにポイッと捨てた。まだ半分以上も残っていたが、小心者なので持って乗る勇気はない。車内での飲食はマナー違反という国は珍しくない。スイスはその辺きっちりしてそうなイメージがある。鉄道パスの空欄を目ざとくチェックするような人たちだし。

白い目で見られるかもしれないと、勝手に気を回したのだ。しかし、それは杞憂に終わることになる。僕の前に家族連れが座っていたのだが、バスが出発するやいなや、サンドイッチを広げ始めたのだ。車内だろうがお構いなしにランチタイム。なんだなんだ、ジュース捨てなければよかった。

ちなみに家族連れが食べていたそのサンドイッチ、アルミホイルで無造作に包まれているところから想像するに、買ったものではなくお弁当として持参したもののようだった。スイスの人たちからしても、物価の高さは頭の痛い問題なのかもしれない。って余計なお世話か。

やはり国境はなかった。サルガンス駅を利用する人たちの足として利用されている、ごく普通の路線バスが、国としてはリヒテンシュタインに該当する地域を走り、停留所に停まっていく。

これほど国の変化を感じられなかった国境越えは初めてかもしれない。モナコへの越境もあっさりしていたが、あそこはいちおう観光立国ということで、カジノがあったりF1のコースがあったりと、それなりにお隣のニースと差別化されていて、訪れる者に個性的な印象を与えていた。ローマの中にあるバチカン市国もしかりだ。

ところがリヒテンシュタインは、まるでスイスの田舎街の一つのような立ち位置に見えるのだ。ちなみに携帯の電波すらスイスのキャリアのままで、国が変わったことを知ったのは地図アプリで現在地を表示させて確認したからだった。

正式名称は、リヒテンシュタイン公国。公国を名乗るだけあり、国家元首は公爵である。首都はファドゥーツだが、ほかに街らしい街はほとんどない。僕が訪れたのもまさにそのファドゥーツだった。

ルパン三世の名作映画『カリオストロの城』のモデルであると、そういえばヤーマンが語っていた。丘の頂上に立つ古色蒼然とし

街を見下ろせる小高い丘の上に立つお城。内部の見学はできない。

た城の佇まいは、冬景色の中で見るせいか、いくぶん寂れた印象を与える。

リヒテンシュタインの見どころはこのお城と、あとは切手である。コレクターの間では希少価値があるのだろう。外貨獲得を切手収入に頼るのは、マイナー国ではありふれた手段と言える。

ネットで観光情報を調べ載っていた郵便局に行ってみた。すると、なんとドアが閉まっていた。曜日感覚を喪失しかけていたが、考えたら今日は日曜なのだ。いやはや、我ながら間の悪い旅人である。

ただしその向かいにある観光案内所はやっていた。田舎然とした周囲の光景からは浮きまくった、デザイナーズ建築のようなオシャレな建物だった。

中へ入って最初に目についたのは、切手販売のブースだ。郵便局は休みでも、ここなら買えるらしい。そして心底驚いたのは、僕以外にも外国人らしき観光客の姿があったこと。それも二人も！　もの好きな旅人はいるものである、などと言ったらリヒテンシュタインに失礼か。

その二人に目を遣ると、カウンターでパスポートを提示していた。なるほど、どうやらここでスタンプを押してくれるらしい。もちろん、僕も便乗する。

ポンッ――と慣れた手つきで女性スタッフが刻印してくれた。

「三フランです」

えっ、タダじゃないの？　と目を丸くした僕の戸惑いが伝わったのだろう。女性はカウンターの上の注意書きを指差した。スタンプ、三フラン。確かにそんなようなことが書いてある。うーん、三フランぐらいなら別にいいけどさあ。

微妙に釈然としない気持ちで観光案内所を後にすると、もうすることがなくなってしまった。人出のほとんどない閑散とした通りを歩いて行くと、土産物屋があったので冷やかしてみる。

もし売っていたら買おうかなと思ったのは、スノードームだった。実は旅先で買い集めるのを密かな趣味としている。土産物のド定番であり、ベタすぎて見向きもしない人も多い

スタンプ一押し、三フランなり。まあ、記念ということで……。

だろうが、定番ゆえにどこへ行っても売られているから、集めがいがあるのだ。この四〜五年でそれなりに我が家のコレクション数も増えた。定番の都市に関しては一通り揃ったのだが、リヒテンシュタインのようなマイナー国のものは貴重である。

期待通り、その土産物屋で売られているのを発見した。例のお城のミニチュアが中に入り、国名があしらわれた、見るからに記念品といった一品。八フランとスノードームにしては少々お値段高めだったが、もう二度と来ないかもしれないと思うと、買わざるを得ないのであった。

サルガンスに戻り、預けていた荷物をピックアップした。列車が来るまで少しだけ空き時間がある。お腹が減ったが、レストランを探してゆっくり食べているほどの余裕はなさそうだった。

駅に併設のカフェテリアで、ピザ風のパンとドーナツを買って昼食とした。これにコーヒー一杯で、しめて九フラン。やはり物価の高さが身に染みる。なんだか今日はそんな話ばかりだなあ。

チューリッヒ行きの列車は、二階建ての豪華な車両だった。時刻表には「ＩＣ」と書いてある。ヨーロッパの特急列車インターシティの略称だ。二階に上がり、空いている座席を見つけ人心地ついた。

向かいの席の男性は、身体を横にして無防備に寝入っている。そのすぐ上に窓があって、スイスらしい雪山に彩られた自然の美景に僕は見入った。

——人口密度の薄い国だなあ。

頭の中に浮かんだのはそんな感想だった。

山あいに民家が点在するが、闇雲に密集しておらず空間に余裕がありそうなのを見て羨ましくなる。世界に名高いスイスの自然美も、共有する人間が少なければ、それだけ一人一人の割り当ては多くなる。湖を見下ろせる一等地を奪い合う、なんてことも少ないかもしれない。心が丸くなるかもしれない。

永世中立国を頑なに守るこの国の真髄に、ほんの少しだけ触れられた気がした。

流れゆく車窓と共に、とりとめもない思考が頭を過っていく。

贅沢な、とても贅沢な時間である。

チューリッヒ中央駅で列車を降りると、僕は目が回りそうになった。

とんでもない人混みなのである。アルプスを越え、クールやサルガンスといった田舎街を渡り歩いてきたせいもあるのだろうが、パリやミラノと比べても引けを取らない賑わいだと感じた。スイスの首都はベルンだが、商業圏としては最大の街と言われるチューリッヒだけのことはある。

この街にも宿泊はしない。再度コインロッカーに荷物を預け、束の間の街歩きを楽しむ魂胆だ。

サルガンスとは違い、ロッカーの脇にはお札を崩す機械が備え付けられていた。そのすぐ近くにあるトイレは有料だった。色々と合理的で効率重視なさまを見て、都会は勝手が違うなあとお上りさんの心境でキョロキョロしてしまった。

駅を出て正面に、真っ直ぐ遊歩道が続いていた。こちらも激しい人波で、急に立ち止まったら後ろの人に迷惑をかけそうなほど。

目を引いたのは、トラムの存在だった。おもちゃのような可愛らしいデザインの路面電車が、人波を掻き分けるようにしてゆっくり走ってくる。ボケーッとしていたら轢《ひ》かれそうな距離を、涼しい顔をして歩行者が横断していく。

目抜き通りに並ぶショップをチラ見すると、時計屋さんが多く目についた。そうか、スイスと言えば時計の国である。時計なんて気軽にお土産にできるようなシロモノではないが、ウィンドウショッピングするだけでもなかなか楽しい。

スウォッチの直営店も見つけた。スウォッチなら買えるかなとも思ったが、そもそも僕は腕時計はしないタイプなのだ。必要のないものにお金を使うのもなあと、ぎりぎりのところで踏みとどまったのであった。

街ゆく若者たちもなんだかとてもオシャレで垢抜けている。とくに男子の方は、個性的な髪型が多くてつい目線が向いてしまう。なぜかモヒカンのようなヘアスタイルをしている人が多い。流行っているのだろうか。

チューリッヒはお上りさん気分で訪れるには、いささか眩しすぎる街だった。僕は基本的には都会っ子なので、こういう華やいだ街は性に合うはずだ。けれど、過剰に都会すぎる、要するに人が多すぎる場所は案外苦手だ。

繁華街から逃げるようにして辿り着いた先は、湖畔の船着き場だった。ここはその名もチューリッヒ湖という湖に臨む街なのだ。

建物が途切れると視界が開け、遠方の街並みまで一望できた。街の中心部こそ大都会だ

都会だなあとしみじみ。そう言えばアップルストアなんかも見つけた。

が、少し離れればやはり自然と共存するのどかな世界が広がっているようだった。

ボートが何艘か繋がれていて、その周りを真っ白な鳥がつつつと行ったり来たりしていたのが気になった。つがいの白鳥だ。それを見て、なぜか急に一人旅の寂しさが込み上げてきたのは不思議な感覚だった。

同時に頭を過ったのは、日本で留守番をしている奥さんのことだった。

――いま頃どうしているのだろうか。

実は今年は夫婦共著で新作の執筆を進めていて、彼女はその作業が終わらず日本に居残る形になった。平日は会社の仕事もあり、合間を縫っての作業なので、なかなか時間が取れないようだった。年明けからここまで、休日返上で我が家はずっと仕事モードが続いていて、二人でどこかへ出かけるチャンスすら激減していた。

昨年ＬＣＣでアジアを旅した時には、最後に数日だけ日本から来てもらって合流し、一緒に旅したのだ。だが今回は、そういった作戦も実行できないほどに締め切りが差し迫っていた。

でも――。やっぱり、来られないかなあ。

二羽の白鳥を横目にｉＰｈｏｎｅを取り出し、僕は航空券を検索してしまった。直前なので安くはないが、座席はまだ取れそうだった。

「やっぱり来ない？　航空券まだ買えそうだよ」

そんなSMSを彼女に送ったのは、我ながら未練がましいなあと自覚している。すぐに返事が届いたが、とてもじゃないがそんな余裕はなさそうというつれない内容だった。いやはや世知辛い……でも仕方ない、か。

こちらの心情などお構いなしに、二羽の白鳥はゆらゆらと楽しげに湖上クルージングを満喫中だった。まるで仲の良さを見せつけるように。それをいつまでも恨めしそうに眺め続けたのだった。

短い滞在となったチューリッヒに別れを告げ、僕はさらに先を急いだ。湖畔で柄にもなくセンチメンタルな気分に浸ってしまったが、今晩は日本から来る旅仲間と合流する約束なのだ。いいタイミングでの登場に、感謝、感謝の念である。

いざ、フランクフルトへ！

チューリッヒからは直行ではなく、バーゼルという街で乗り換える。ここからはICEが走っている。ドイツ版新幹線と目される、ヨーロッパでは有名な高速鉄道だが、僕はいまだ乗ったことがなかった。

各国の列車を気軽に乗り比べられるのは、鉄道パスの旅ならではの恩恵と言えるだろうか。

ＩＣＥに関しては、パスがあれば追加料金は不要だ。座席には番号があるが、基本は自由席で、予約は任意となっている。混雑時は事前に席を押さえた方がいいと聞くが、バーゼルから乗った車両はガラガラだった。

シート配列は一席の並びと、二席の並びが通路を挟んで配置されている形。一人掛けの方に座り、荷物を網棚に上げる。

ＴＧＶや、これまで乗ったイタリアやスイスの特急列車とはまたずいぶん違った内装に関心が募った。無駄をそぎ落としたソリッドさがありつつも、機能的に作られているのが見て取れるのだ。これぞドイツ、と唸らされるデザインである。

たとえばシートがとてもスリムな形状をしている。そのせいで、車内の空間が広々として見えるのだが、一方で背もたれの頭が当たる位置はクッションが利いていてリラックスできるといった具合。各座席には電源コンセントもしっかり備え付けられている。また細かい点だが、テーブルが木製なのも目に優しく、飽きがこなさそうで好印象である。

そうそう、すっかり書き忘れていたが、僕が使用している鉄道パスは一等のもの。というより、ユーレイルセレクトパスは、二十五歳以下向けのユースタイプ以外には一等しか選択できないのだ。それゆえ本書の列車の記述は、とくに断りがない限りは一等車両の話だと捉えていただきたい。

フランクフルト中央駅が近づいてきた頃には、窓の外はもう真っ暗だった。今日もたっぷり列車に乗った。サルガンス、ファドゥーツ、チューリッヒと三つも街をはしごし、慌ただしくも充実した一日だった。そしてさらにフランクフルトの夜が待っている。

列車がホームにゆっくり入っていく段になって、友人からのメッセージを着信した。

「何番ホームに着いたか教えて下さい」

バーゼルを出発した際に、到着予定時刻を知らせていたのだ。それに合わせてわざわざ駅まで迎えに来てくれたようだった。ホーム番号を書いて返信し、ICEを出る。ほかの乗客たちの流れについて進んでいくと——発見した！

こちらに手を振ってくれている懐かしい顔

ICEのスタイリッシュさは、フランスやイタリアとは一線を画する。

を見て、ニヤリと笑みがこぼれる。

「やあやあ、どうもどうも」

と挨拶もそこそこに、無事に再会できた喜びを分かち合う。外国で人と待ち合わせするのは、何度経験してもやはり興奮する。これはもはや、一つのアトラクションだろう。

本当に会えるだろうか、というドキドキ感に加え、よくぞこんなところで、という達成感も同時に味わえる。とくに今回のような少し長めの旅となると、マンネリ化しがちなところにいい意味での刺激をもたらしてくれる。

日本から来てくれたのは、フジフミさんといって、もともとは僕の本の読者だった男性。東京で会社員をしており、今回も限られた休暇を利用した三泊五日の強行軍だという。「今回も」と書いたのは、ちょうど一年前のＬＣＣのアジア旅行の時にもわずか二泊四日でバリまで駆けつけてくれたからだ。典型的な週末海外。アジアならまだしも、それだけの短期でドイツまで来るのはかなりの実行力が必要だろう。

振り返ってみると、誘ったのは僕の方だった。昨年暮れに催した某トークイベントで、僕は今回の欧州行きの話をした。その中で、

「良かったらまた合流しに来ませんか？」

と勧誘してみたのだ、さり気なく。

「ええ、それはもちろん行きますよー」

フジフミさんは快く返答してくれたが、酒の席での与太話である。ここだけの話、誘っておきながらまさか本当にやってくるとは思わなかったのも正直なところだ。

僕の周りには旅好きは数知れないが、実際にこうして現地まで来てくれるような旅人とは自然と付き合いが深くなる。ニースで一緒だったヤーマンにしてもそうだが、フットワークの軽さは旅人の最大の長所だと思う。

フランクフルト中央駅で待っていてくれたのは、彼のほかにあと二人いた。

まず、僕より一回りも若いイトウくん。なんとフジフミさんが勤める会社に今春から入社予定の大学生だ。えっなんだって？　と驚くようなプロフィールである。

学生生活最後を飾る卒業旅行としてヨーロッパに来ているのだそうだが、入社前の新卒学生と現役社員が異国の地で一緒にいるなんて前代未聞だ。新手の青田買いと言えるだろうか。

そしてもう一人、このフランクフルトに駐在員として在住のタカシマさん。我が家では毎年桜の時期に、「旅人花見」と称して代々木公園で宴を催すのだが、そこに来てくれたのが知り合うきっかけとなった。

「ドイツに行くことになりそうです」みたいな話をその時していて、

「もし決まったら。遊びに行きますね」と僕もアピールしていたのを思い出す。

タカシマさんも、まさか本当に来るとは考えていなかっただろうなあ。行くと言ったからには行きますよ、ホント。有言実行なのです。

とまあそんな感じで、ここに来て突如として賑やかな旅になってきた。総勢四人。それも全員男。いまどき珍しい旅の形かもしれない。

連れられるがままホテルに到着し、荷解きするやすぐに向かったのはタカシマさんオススメのレストランだった。ドイツ料理の定番メニューが並び、美味しいビールが売りのお店。ドイツ初日ということで、気を利かせてくれたのだろう。

店員の女の子が身にまとっている伝統衣装もメルヘンでとてもいい。まるでメイド喫茶

ドイツ語はサッパリだが、ドイツは英語併記多めなのがうれしい。

へ来たみたいだ。タカシマさんがドイツ語でサササッと注文を済ませてくれた。やがてジョッキが四つ、テーブルに運ばれてくる。

日本で言えば、「とりあえず中生を四つ！」といったところだが、ジョッキがとんでもないサイズで目を瞠った。日本の一般的な居酒屋の中生の倍ぐらいの大きさなのは、さすがはビール大国。そうそう、これが楽しみだったのです。

何はともあれ、無事の再会を祝して乾杯。

ぐびぐびぐび――くうう、うまい！

ヨーロッパへ来て以来、毎日欠かさず飲んでいるのは前述した通りだが、これまではワインばかり続いていた。ビール、それもエールが利いた本格的なジョッキの生をぐびっとやるのはこの旅初めてだ。

「ドイツへ来て良かったなあ」

誰ともなく、そんな台詞が自然と口をついて出る。

仕事の後の一杯目のビールがうまいのは当然だが、旅先でありつける最初のビールもそれ以上に格別なものがある。

意地汚くぐびぐびしていたら、料理が出てくるよりも先にジョッキが空になった。見ると、僕のほかにはイトウくんも早々に飲み干してしまったようだった。なかなか見込みがありそうな若者である。

ビール二つ、お代わりを頼んでいるうちに、料理がやってくる。お約束のソーセージ、さらには平べったいドイツ風ピザ。どれもうまい。フランス料理がワイン前提であるのに対し、ドイツ料理はいかにビールを美味しく飲めるかを意識しているようにも思えた。気持ち良く酔えるならどちらも大歓迎だ。

お店を辞して宿に戻った後は二次会だ。部屋飲みは気楽でいい。

「飛行機がロンドン乗り換えだったので、大英博物館へ行ってきたんですよ」

フジフミさんはそう言って、お土産にとスフィンクスのソフビのフィギュアをプレゼントしてくれた。ありがたくいただく一方で、お土産などというものにすっかり頭が回らず手ぶらでやってきた自分に気恥ずかしさを覚える。

「自分はここの前はブリュッセルにいたんですけど……」

水を向けると、イトウくんもビール片手にこれまでの旅について語った。同じ趣味を持つ者どうし集まると、違和感なく会話が弾む。これが旅に関心が薄い人との会合だとこうはいかない。

旅先で旅人と旅話に花を咲かせる——旅人が最も輝ける瞬間の一つである。

(8) 故郷の味が恋しくて

翌朝は、この旅始まって以来初めてとも言える気持ちのいい青空が広がっていた。合流した三人のうちの誰かが晴れ男なのかもしれない。テラスに出て、澄みきった空気を吸い込むと、眠気が一気に吹き飛んだ。いい一日になりそうな予感を抱き、朝からご機嫌で煙草をふかす。

フジフミさんが取っていてくれたこのホテルも、とても落ち着くところだった。繁華街に近い便利な立地にあり、部屋は広く機能的だ。ロビーではANAのキャビンアテンダントの姿も見られた。ヨーロッパらしい古めかしさ漂う宿ばかり渡り歩いてきたので、都会的なセンスが感じられるシティホテルは新鮮だ。

今日はフランクフルト郊外のハイデルベルクという街へ行く。郊外といっても、距離にして一〇〇キロ弱は離れており、州も違うのだが、車で一時間程度だという。

そう、今日はドライブをする予定である。タカシマさんがマイカーを出してくれることになったのだ。さすがは駐在員。外国暮らしでマイカー持ちとは羨ましい限りだ。

「ドイツだと社員が車を購入する際に、会社から補助金が出るんですよ」

初耳である。世界的な車メーカーがしのぎを削っている国ならではの事情なのだろうかと思ったが、それを言えば日本だって……と遠い目になる。

軽い朝食を済ませ、一階に降りると、タカシマさんが真新しいワーゲンをホテルに横付けして待っていてくれた。後部座席に乗り込み、なされるがまま連れられていく。なんだか至れり尽くせりだが、たまにはこういう旅もアリだろう。

フランクフルト市内を出るのに四苦八苦したのは、道路がところどころ交通封鎖されていたからだった。

「なんだろうねえ。祭りでもやってるのかしら」

そんなことを言い合っていたら、川沿いを猛スピードで駆け抜けていく集団が見えた。謎が解ける。マラソン大会が開かれていたのだ。

近頃は全世界的にマラソンがブームで、しばしばこうして旅先で偶然遭遇する。かくいう僕も流行りにちゃっかり乗って、何度か海外まで走りに行った。

ちょうど一年前のLCCの旅の時にはバンコクで、日本の3・11に関連したチャリティマラソンに出走し、その数ヶ月後にはプーケットの国際大会にも夫婦で参加したのを思い出す。

ここ最近は寒さに怯むがあまり、若干サボり気味だったのだが、懸命に疾走するランナーたちを目にすると、自分も走りたい欲にかられてくる。我ながら影響されやすいタイプなのだ。

迂回に次ぐ迂回を重ね、ようやく高速道路の入口に辿り着く。

アウトバーン――ドイツの高速道路はそう呼ばれ、制限速度のないことで知られる。四車線もある広い道路の一番左の追い越し車線を、F1も真っ青なスピードで爆走していく車を見て、カッコイイというよりは危うげな印象を受けるのは、日本的な感覚なのだろうか。

その点、タカシマさんは大人だった。適度にスピードは上げるが、ヒヤリとさせられるほど飛ばしたりはしない。走行が快適なあまり、眠気が襲ってきたが、さすがにそれはKYだろうとぎりぎりのところで踏みとどまる。

車窓からは、遮るものの少ない広い大地が

趣向を変えていざドライブ！　この国は右側通行、左ハンドルだ。

望める。冬なので木々は枯れ、茫漠とした印象も受けるが、自然味溢れる景観は実家がある北海道を走っている感覚にどことなく似ていると感じた。久々に思う存分日本語で会話ができているせいもあるのかもしれない。日本を出て早くも五日が過ぎていた。

追い抜かしていったパトカーがベンツだったり、時折現れる看板の地名がやたらと長いのを見て、自分がドイツに来ていることを思い出す。ドイツ語はさっぱりダメだが、長ったらしい言い回しが多いこともとっつきにくさを覚える理由の一つだった。なんとかかんとかバンホフ、みたいな。

アウトバーンを降りると、そこはもうハイデルベルクだった。

「あれは列車の駅です」

タカシマさんのガイドに、日本から来た三名は一斉に振り向く。フランクフルトからは、列車でも来やすい街なのだそうだ。

連日のように乗りまくっていた鉄道の旅も本日は一休み。乗る日は連続でなくてもよく、決められた日数分を任意で利用できるユーレイルセレクトパスのメリットを生かす形となった。

ハイデルベルクはライン川の支流に栄えた古都だ。いわゆる古城街道に属する街の一つで、中世の街並みがいまも残る。車の窓から軽く見渡しただけでも、いかにも写真映えしそうな美しい街に見えた。

「ここは学生街なんですよね」

タカシマさんが付け足してくれる。なんでも、ドイツ最古の大学があることでも知られているらしい。

とりあえず車は停め、街歩きをすることにした。

最初、道路脇のパーキングスペースに車を停めたのだが、看板の注意書きを見てタカシマさんが車に引き返そうと言った。

「ここは住んでいる人向けの駐車スペースのようです」

なるほど。しかし自分だったら、勝手が分からずにウッカリ停めてしまいそうだ。

海外では、僕はたまにレンタカーを借りる。見知らぬ異国の地を、自分でハンドルを握って走り回るのはこの上ない喜びだが、一方でその国独自の交通ルールが分からなくて戸惑う場面は少なくない。

去年のゴールデンウィークにフロリダへ行った際のことだ。カリブ海の上に突き出た小さな島々を繋ぐセブンマイルブリッジをレンタカーで走った。

まるで海の上を走っているような気分に浸れる、世界でも屈指の絶景ドライブロードを抜けた先にはキーウエストという風光明媚な街がある。そこの駐車場で、やらかしてしまったのだ。

カメラ片手に街を散策し、車に戻ってくると、フロントガラスのワイパーのところに紙きれが差し込まれていた。差出人はなんとフロリダ州警察署。駐車違反の切符だったという驚きの事態である。

料金を先に機械で支払わなければならない駐車場だと知るも、後の祭り。僕たち観光客なんです、知らなかったんです、などという言い訳が通じるわけもなく、しぶしぶ罰金を支払ったのだった。

話が脱線したが、ハイデルベルクである。

古都の風情溢れる石畳の坂道を上り、僕たちは山の上のお城へ向かった。街を見下ろす山城は、この街のシンボルであり、古城街道のハイライトの一つと言える。

タカシマさんは来慣れているらしく、ここでもガイドを買って出てくれ、みんなを先導する。学生街というだけあり、それっ

ハイデルベルク城内にはワインの醸造施設が。試飲（酒宴）も可能。

ぽい若者たちの姿と、あとは中国人観光客をやたらと目にした。同じアジア人でも、彼らは出で立ちですぐにそれと分かる。

判で押したようにみなピンクやグリーン、黄色といった原色の派手なダウンジャケットを着込んでいる。シックな雰囲気の古城では浮いて見えるなあ、などと思っていたのだが――人のことは言えなかった。

「トモさんもバッチリ同化してますよ」

フジフミさんたちに笑われてしまった。そうなのだ。僕も彼らと同じ、水色のど派手なダウンを着ていたのだ。なにせ台湾で買ったものである。フランスにいる時にも同じような居心地の悪さを感じたのを思い出す。違う服で来ればよかったかも。

僕は開き直ることにした。

街を眼下に見下ろせる高台から記念写真を撮ろうという話になり、調子に乗って中国人を真似して大胆なポーズを決めてみせる。腕を腰に当て、立ち膝で上目遣い気味にカメラに目線を送る。世界のあちこちで中国人ご一行さまの記念撮影風景を横目で見て学んだ成果である。彼らの素直なさまは勉強になるのだ。

城を出て街に戻ると、大聖堂前の広場に人だかりができていた。ステージの上ではダンスパフォーマンスが繰り広げられている。休日ならではの催し物といった感じか。

一方で街自体は静まりかえり、シャッターを下ろしている店がほとんどだった。あわよくばお土産でも物色しようかと企んでいたが、とてもそんな雰囲気ではない。

「日曜ですからねえ。一部のレストラン以外は完全に閉まりますね、この国は」

休みの日にはこぞって街に繰り出し買い物に精を出すような、我が国の感覚とは相容れないものがある。休む時は徹底して休むのだ。どちらがいいのか悪いのか。ヨーロッパへ来るたびに考えさせられる。

帰りの車内には気だるい空気が流れていた。睡魔に敗北し、涎を垂らして寝入ってしまったが、そのことを指摘されなかったのはタカシマさんの優しさなのだろう。行きも帰りも

学生街だけあって、元気な若者たちが目につく。絶妙な男女比！

ずっと運転させ、着いたら着いたでガイドのようにあれこれ案内してもらった。お世話になりっぱなしで、頭が上がらないとはこのことだ。

いったん車を置きに帰るというタカシマさんを待って、夕食に繰り出した。今日も飲む気満々なのである。

入ったのはタイ料理屋だった。ホテルの前にあり、気になっていたのだ。

ヨーロッパへ来ておきながらアジア料理を選ぶのは、微妙に敗北感も漂う。

「日本料理ではなく、タイ料理だし……」

「昼もドイツ料理だったから、趣向を変えてみるのもアリですよね」

などと、一同言い訳を並べ合いながら入店したのは、若干の気恥ずかしさも感じていたのだろう。

正直なことを言えば、タイ料理案が浮上した瞬間、渡りに船と思ったのだ。日本を出て五日間、主食はパンや芋という日々がずっと続いていた。お米が恋しくないと言うと嘘になる。

異国の地にいて、食べ慣れた味が懐かしくなるのは不自然ではない。

タイ料理は僕にとって特別な存在なのだ。タイが第二の故郷であると事あるごとに吹聴してきた。フランクフルトまで来て、日本食ではなくタイ料理が現れるところにつくづく縁を感じるのだった。

近年は海外で日本食がブームだが、同様にタイ料理も世界各地で見かけるようになった。アジア料理といえば中華というイメージも、もう過去のものだ。

「タイ語で注文してもいいですか？」

接客に現れた店員さんにそうタイ語で訊くと、

「カー（はい）」という答えが笑顔と共に返ってきたのを見て、密かに抱えていた一抹の不安は払拭された。海外でタイ料理屋に入ると、それっぽい料理を出す、「なんちゃって系」のタイ料理店であることも少なくないからだ。

この店はタイ国王の肖像画なども掲げられ、従業員のほとんどがタイ人と、信頼できそうな雰囲気だった。

「注文はトモさんにお任せします」

と頼られ、満更でもない心持ちでまずはシンハービールを頼む。料理はレッドカレーやソムタム（パパイヤサラダ）、空心菜炒めと定番どころを手堅くチョイスしておいた。乾杯しながら、話に花を咲かせる。

「ドイツに来てからビールばかり飲んでるなあ」

「水より安いって聞いていたけど、本当ですね。驚きました」

その若さとは裏腹の飲み助ぶりを発揮しまくっているイトウくんは、酒の話になると妙に食いつきが良くなる。東京にいる時も一人でバーへ行くとか、オジサン顔負けのエピソードのオンパレードで、みんなから「セレブ・イトウ」という渾名《あだな》が付けられていた。

一方で、タカシマさんが在住者ならではの豆知識を披露してくれる。

「ビールは高校生から飲めるんですよね」

なんと、それはすごい。以前にベルリンの地下鉄で、年若い女性が一人で瓶ビールをラッパ飲みしているのを目撃したと話したら、それも日常的な光景だという。

この際もう、飲んでばかりいるのをドイツのせいにしてしまおう。ここでは飲んでこそ、なのだ。郷に入っては郷に従えという言葉もある。

シンハービールのボトルがどんどん空になっていく。

料理も当たりだった。

「これなら接待でも使えそう。また来ますよ」とタカシマさんも絶賛だ。

僕自身、大いに満たされていた。タイで食べるよりは辛さは抑えめだったが、それは仕方ないだろう。何より、お米の力は偉大だ。これでもうしばらくはパンでも生きて行けそう……かな。

レストランを辞去した後は、今晩も部屋に戻って酒宴である。食べる機会がなくてニースからここまで持ってきてしまったポテトチップスを広げる僕とは対比的に、イトウくん、もといセレブ・イトウ氏はブリュッセルで買ったという高級チョコレートを惜しみなく提供してくれる。どちらが大人なんだか分からない。

酒宴の最中、彼が実は音楽フリークである事実が発覚し、しかも僕と趣味がかなり似通っていたので大いに盛り上がったのも印象深い。とくに日本語ラップの話は感涙ものだった。

「ランプアイの証言、最高ですよね」

などと、この若さでなんで？　というぐらい昔話にもしっかり付いてきてくれるのだ。しまいにはＭａｃＢｏｏｋを取り出し、話に上った曲を次々とＢＧＭでかけるという気の利きようだ。セレブ・イトウ侮り難し、である。

そんな中で少し寂しそうなのがフジフミさんだった。実は彼は、明日の早朝には帰路につくのだ。早朝五時に宿を出て、パリ乗り継ぎで東京へ帰る。

「日本に着いたらそのまま出社して、説明会が二本もあるんですよね……」

僕は苦笑いを浮かべるしかできなかった。

彼の後ろ髪を引かれる気持ちには大いに共感できる。週末海外という形で、なかば強引に旅に出る日々を過ごしてきた。会社を辞めて独立してからは、平日に旅するチャンスも幾分増えたが、仕事の呪縛からは完全には逃れられず、いまだ短期旅行を繰り返している。

あるデータで国別の有給休暇の取得状況で統計を取ったら、日本がダントツの一位だったという。ワーストワン、という意味での一位だ。平均取得日数および、取得率共に最も少ない国なのだ。一方でいままさに滞在しているドイツは三十日弱、それも取得率は一〇〇パーセント近くである。

ふと思い浮かべたのは、昼間ハイデルベルクで目にした、シャッターが下りきった休日のドイツの街並みだった。別に働きたくないわけではないのだが……。

(9) 世界遺産は見ておくのだ

目が覚めた時には、フジフミさんの姿はなかった。昨夜は酔いにまかせる形で、いつの間にかベッドに撃沈してしまったようだった。

「起こしたら悪いからって言って、出て行きました」

未来の先輩をきちんと見送るという重責を果たしたイトウくんが、寝ぼけ眼をこすりながら起きぬけに早朝の顚末を語った。なんだか学生時代に逆戻りしたみたいだ。当時もこんな感じで誰かのうちで夜遅くまで飲んで、気が付いた時には授業のある者はいなくなっていた。三十路過ぎても、やっていることは変わらない。

フェイスブックを見ると、既にフジフミさんはパリに着いているようだった。僕もそろそろ出発の準備をしなければならない。イトウくんと二人で、近くのベイカリーに入り朝食をとった後、そのそばにあった洋服屋へ立ち寄った。

「プライマーク」（PRIMARK）という、イギリス発の低価格衣類チェーンで、タカシマさんからオススメされていたところだ。日本で言えばユニクロのような、いわゆるファストファッションであるが、日本にはまだ未上陸のブランドだ。

近年は旅先でこの手の店を見つけたらチェックするようにしている。旅にお金をかけるようになって以来、洋服に投資する金額が激減してしまった。代わりに、手頃にオシャレを楽しめる海外のファストファッションにお世話になっている。

実は懸念事項があった。洗濯物が溜まっていたのだ。今回のような高速に移動を繰り返す旅ではいつもそうだが、着るものをどうするかという問題が生じる。全日数分を持ってくるのは現実的ではないから、どこかで洗濯が必要となるが、これが結構骨なのだ。無駄な時間は極力省き、その分を旅の時間に充てたい。

こんな時にも頼りになるのがファストファッションだった。そう、洗うのではなく、買って済ませる作戦である。冬なので、肌着以外はそれほど神経質にならずとも大丈夫そうなのも幸いだ。

プライマークはこれまで数多く訪れたファストファッション・ブランドの中でも群を抜い

て安いと感じた。たとえば靴下が五枚で三ユーロ、パンツは三枚で六ユーロ、Tシャツは一枚一ユーロといった具合。ホテルのクリーニングサービスに出すよりも遥かに低コストで着替えが用意できることに、僕はほくそ笑んだのだった。

買い物を済ませて部屋に戻り、ホテルをチェックアウトした。支払はフジフミさんがネットで前払いしていたようで、鍵を返すだけの簡素なものだった。その足でイトウくんと二人、地下鉄を乗り継ぎ中央駅を目指した。

彼はこの後、僕とは逆に南下して最終的にはミュンヘンから日本へ帰国するのだという。短い間だったが、自分より一回りも若い旅人と一緒に行動したのはいい刺激になった。もっとも、「セレブ・イトウ」と呼ばれるよう

「プライマーク」の大型店舗は、街の目抜き通りで一際目立つ。

な旅人だ。彼に限って言えば、いい意味でませており、若さゆえの初々しさとは無縁にも見えたが……。

「列車、もう来てるみたいですね」

乗る予定の列車が既に表示されていた。フランスやイタリアのように、発車直前になってホーム番号が判明するようないい加減さがないところはドイツらしいと言えそうだ。

ヨーロッパを代表する大都市の玄関口としては派手さに欠ける駅、という印象も受けるが、どうやら改装工事中らしく、そのせいもあるのだろう。スーツケースを引いて先を急ぐ人々の姿が旅情を誘う。派手だろうが地味だろうが、駅は出会いと別れの地であることに変わりはない。

イトウくんとは二日前にこの駅で合流したのだ。別れの舞台も同じ場所となった。

「じゃあお互い良い旅を。次は日本で会おう」

「はい、お花見誘って下さいね」

——手を振って別れ、再び一人になった。

次の目的地はアムステルダムだ。国境を越え、オランダへ向かう。

乗り込んだのは来た時同様、ＩＣＥである。フランクフルトからアムステルダムまでは直通列車もあるが、まずはケルンを目指すことにした。大聖堂で知られる、ドイツの中核都市の一つで、ちょうどアムステルダムへの道程の途中に位置する。

発車して間もなく、車掌さんが検札にやってきた。もうだいぶ慣れ親しんできた光景だが、これまでの列車とは違う点もあった。乗客の多く、少なくとも僕が座っていた席の周囲の人たちはみな、A4のペラを提示していたのだ。ネットで購入し、チケットをプリントアウトしたものなのだろう。

車内を見回すと、背広を着た男性がやけに多いことに気が付く。PCを取り出し、パチパチとキーボードを叩いている姿がさまになる。今日はもう平日である。

そうか、この路線は出張用途で利用する乗客も多いのだろう。ケルンまでは、ICEならわずかに一時間強で着いてしまう。きっと日帰りのビジネスマンもいるに違いない。日本で言えば、東海道新幹線で東京から名古屋まで出張に行くような感覚なのかもしれない。

彼らの真似をするわけではないが、僕もiPadで仕事でもしようと思い立った。旅に出てしまったせいで、滞っている原稿があるのだ。それに今晩の宿を決めていないのも、なんとかしなければならない。まずは宿探しかな——。

——って、あれれ？

なんとネットに繋がらない。モバイルルーターの表示を確認する。

「Ｄｉｓｃｏｎｎｅｃｔｅｄ」と出ていた。アンテナはフルで立っているのに。

念のためカバンに忍ばせていた取説を見ながら、設定をあれこれいじってみるも、接続が回復する気配はない。うーん、困ったことになった。ネットに頼りながら旅をしているので、オフラインになると途端に非力になる。

それに、急ぎ確認したいメールもあったのだ。この旅行中もありがたいことに新しい仕事の相談がいくつか来ていた。テレビ出演のような、日本にいないと不可能な案件は断った一方で、中には多少無理を言ってでも受けたい仕事があった。

某カメラメーカーと男性誌のタイアップ企画で、最新のデジカメを使ったレポートをお願いしたいというものだった。実は偶然にも、

今回はPCは置いてきた。作業はカバーにもなるキーボードとiPadで。

僕はそのメーカーのカメラを愛用しており、記事で取り扱う機種についても個人的に関心を抱いていたのだ。

ぜひ、やりたい！　でも、日本に帰ってからだと締め切り的に厳しそう——というジレンマの中で、その状況を書いて返信したところ、思ってもみない提案を受けたのだ。

「そちらにカメラを送りますので、どこかで受け取れますか？」

いやはや、なんという融通の利きっぷりなのだろうと驚いたのである。面識もなければ、過去に仕事をしたこともない媒体なのだ。

大変恐縮だが、僕はお言葉に甘えることにした。急ぎ確認したかったのはこの件に関するメールで、受け取り場所をどうするかを相談しなければならないのだ。けれどやはりネットに繋がらず、僕はやきもきさせられたのだった。

わざわざ旅行とは関係のない話を書いたのにはワケがある。のちのち、このことが旅に影響を及ぼすのだとひとまず予告だけしておきたい。

トーマスクック時刻表を見ると、ケルンには駅が二つあるようだった。より多くの列車が止まるのが「Köln Hbf.」と表記されている方で、「Hbf.」は恐らく中央駅のことだろうと想像した。確か、「ハウフトバンホフ」とか言うのだということぐらいは知っていた。

僕が乗った列車が停まるのは、そちらではないもう一方の駅の方だった。「Köln Messe/Deutz」と書いてある。後日調べたところ、「Messe」はいわゆる幕張メッセなどと同じ意味、見本市会場のことだと分かったのだが、ネットが繋がらないせいで、乗っている時は「変なところで降ろされたらどうしよう」と気を揉んでいたのだ。

果たして列車がその駅に到着すると、どう見てもメインではない雰囲気の地味な佇まいであった。アムステルダム行きに乗り換えるためにも、ハウフトバンホフまで行かねばならない。

ローカル線に乗り継げばよさそうだが、勝手が分からず右往左往してしまう。昨日までのタカシマさんのような取り仕切ってくれる存在もなく、さらにはネットも繋がらない。僕は途方に暮れそうになった。

解決策が見出せない中でどうしたかというと——どうにもならなかった。

こうなるともう、当てずっぽうである。時刻表によると、この駅の次がハウフトバンホフと読み解ける。実際には途中に小さな駅が点在する可能性もあるが、少なくともここまでと同じ進行方向の列車に乗れば近づけるのではないか。そう考えた。

誰かに訊けばいいのでは？　と思われる人もいるかもしれないが、訊こうにも周りに人が誰も見当たらないのだ。改札まで行けば駅員さんがいるだろうが、ちょうど列車がやってきたので、僕は飛び乗ってしまった。新幹線の到着に合わせて運行している連絡列車かもしれない、と根拠なしで自分に都合の良い想像をしながら。

いざという時に頼りになるのは自分の直感である。そう再認識したというか、自信過剰になったのは、乗った列車で大正解だったからだ。

ずいぶんとスローペースで走る列車だった。駅を出て間もなくすると、街を河が横切っていた。列車は小さな鉄橋を渡っていく。その先に見えたのだ。大聖堂の雄姿が！

なんてことはない。二つの駅は河の対岸に位置しており、目と鼻の先の距離だったのだ。当てずっぽうも馬鹿にできないのだ。

ケルンへ来るのは初めてである。乗り換えの待ち時間を利用し、僕は市内を観光することにした。先ほどの駅とはうって変わって大きな駅だった。近代的なつくりで古き良きヨーロッパの情緒は感じられないが、機能的でドイツらしい駅である。

たとえば、コインロッカーが見たこともないハイテクなものだった。荷物を入れるところが一ヶ所だけで、中で自動で仕分けするタイプなのだ。喩えるなら、立体駐車場のような構造だ。発行された番号を返却時に入力し精算すると、自動的に自分の荷物が出てくるらしい。これならスイスで直面したような、細かいお金がなくて崩しにいくといった凡ミスも避けられそうだ。

そしてもう一つ、こちらの方が驚き度合いはずっと大きくなるのだが、例の大聖堂が駅を出てすぐの場所に立っていた。本当にもう目の前という感じで、駅舎のドアを出た瞬間、デデーンと目の前に現れるのだ。これは衝撃だった。近代的な駅舎と、古めかしい重厚な大聖堂の極端すぎる対比にも強い印象を受ける。

事あるごとに話には聞いていたが、噂に違わず、途轍もなく巨大な聖堂であった。完成までに六百年以上もの歳月を費やしたというが、この威容を目にするとそれも納得だ。世界最大級のゴシック建築でもある。

世界遺産は数あれど、中には見た目はしょぼいが実は由緒正しき……みたいな補足説明ありきのところも少なくない。そうではなく、誰の目にも分かりやすい文句なしの世界遺産。ミーハーな旅人としては、パッと見のインパクトが強いスポットには単純に感動するのだった。

大聖堂の全景を写真に収めようとしたら、あまりの大きさに普通のレンズだと入りきらなかった。双塔のてっぺんまでは、高さ一五七メートルもあるという。広角レンズを持ってきて良かった。周りを見ると、しゃがみ込んでギリギリ一杯上の方まで写そうと四苦八苦している観光客も少なくない。建物だけならまだしも、人入りで記念写真を撮るのは難儀しそうだ。

例によってここでも中国人観光客だらけなのに苦笑しながら、僕は建物の中へ入った。溜め息が出るようなステンドグラスの美しさに見入っていると、そこかしこから中国語が聞こえてくる。ヨーロッパでベタなスポットを巡る際には、これは最早避けては通れないことのようにも思えてくるのだった。

もともと観光は嫌いではない。今回はどちらかと言えば列車メインで、車窓の風景こそが観光といった感じの旅だが、こうしてところどころで世界遺産の見学などをしてみるのはいいアクセントになる。

加えて言うと、ケルンの大聖堂に関しては、駅のド真ん前というロケーションが実に列車旅向けだ。駅で荷物を預けて、サクッと見に行ける。ゆえに素通りされがちな街とも言え

左の建物がケルン中央駅。世界遺産がこれほど間近な駅も珍しい。

そうだが……。

外に出ると、吹きすさぶ寒風に身がキリッと引き締まった。大聖堂の中は暖房もなさそうなのに、ずいぶん暖かかったのだ。というより、外がとびきり寒いのかもしれない。緯度もだいぶ上の方に来ている。ここと比べれば、ニースなどは冬知らずだったのだなあ、と遠い目になる。つい先週の出来事だが、もう遥か昔のことのように思えてくる。一人旅に戻ると、再びあれこれ思案を巡らしてしまうのだった。

列車の発車までの時間つぶしを兼ね、ケルンの繁華街を軽く流してみると、歴史ある大聖堂の街にしては妙に近代的な雰囲気に面喰らった。通りに立ち並ぶお店の看板もやや派手目な印象だ。

誤解を恐れずに言うなら、ヨーロッパらしい奥ゆかしさはあまり感じられず、限られた空間の中でそれぞれの店が主張しまくっているような雰囲気。ヨーロッパというよりは、むしろアジアの都市に来たような景観に見えたのだ。具体的には、ソウルの明洞《ミョンドン》あたりを思い出した。

そんな街並みではあるが、ゾーリンゲンなどドイツらしいブランドもしっかり店を構えていて、つい吸い込まれるようにして中へ入ってしまう。言わずと知れた世界的な刃物のブランドだ。我が家でもここのキッチン用品を愛用している。

店内は大聖堂以上に混雑していた。客のほとんどが中国人観光客である。レジカウンターの上に大きなボックスを積み上げるような豪快な買い方を目の当たりにして、再度の苦笑。店員のお姉さんが片言の中国語で応対していたが、その表情にもどこか辟易とした感情が垣間見られたのは気のせいだろうか。

チラリと値札をチェックすると、確かに安い。日本での売価を知っているだけに、破格とも言える安値だと理解できる。中国人たちが血眼で買い漁るのも納得の安さだ。

モノにもよるが、とくにヨーロッパブランドは現地価格と海外での値段に大きな乖離がある。そういえばスイスで見たビクトリノックスのアーミーナイフなども、えっと驚くような安値だった。

フランクフルトでは、フジフミさんが包丁セットを購入したのだとうれしそうに見せてくれていた。過去にうちの奥さんが一人でドイツへ行った際も、僕への土産はゾーリンゲンだった。ドイツ旅行土産の定番なのかもしれない。

せっかくなので自分も何か買ってみたい欲にかられたが、旅はまだ続くのだ。荷物がかさばるので泣く泣く断念せざるを得なかった。お土産を買いにくいのは、滞在型ではない移動続きの旅の最大のネックなのである。

大聖堂の裏手で見つけたレストランで昼食を取ることにした。「フリューアムドーム」(Früh am Dom) という、ビアホールのようなところだ。

調べて行ったわけでもないのだが、どうやらかなり有名な店だったようで、店のロゴが入ったグッズなども売られていた。広い店内がほとんど満席に近い状態だったが、こういう時に一人旅は得だ。並んでいる団体客を差し置いて、かろうじて残っていた小さなテーブルに通された。

とりあえずビールでも頼もうかなと思って——おやと目を瞠った。

ウェイターのオジサンが、吊るし型のお盆を持って席を歩き回っていた。ビールグラスが載ったお盆だ。客に呼び止められると、お盆からグラスを置いていく。日本で言えば、わんこそば状態。カートで席を回って都度客が皿を取っていく、香港の飲茶にも似たシステムだ。なるほど、飲み物は基本的にビール一択なのだ。さすがはドイツ、と感心しながら自分も身振り手振りで一杯欲しいとアピールする。オジサンはビールを置いた後、テーブルの伝票にペンでチェックを入れて立ち去る。精算時には、飲んだ数をこれで確認するのだろう。

グラスは結構小ぶりで、クイッと飲んだらすぐに空になる。それを目ざとく見つけて、オジサンが「もう一杯いる?」と目で尋ねてくる。僕のような意志の弱いタイプは誘惑に負け、必然的にお代わりが進むというわけだ。料理メニューもソーセージやピザなど、いかにもビールのつまみといったものばかりだった。
めでたく、本日も昼間から飲んだくれ決定――。
結局四杯も行ってしまった。店を出て、僕はほろ酔い気味に駅へと引き返した。
ドイツ最高！　と最後に大声で叫びたくなった。

なんだかアジアっぽいケルンの街並み。果物露店や無印良品なども。

第三章　オランダ〜ベルギー

（10）アムステルダムで想う津軽海峡

数えてみたところ、パリを出てからここまで乗った列車はちょうど十本に上った。だいぶ乗ったのだなあと感慨深いが、これほど自由な旅を実現できたのは鉄道パスの恩恵によるものだと言えた。

まさかの事態が待ち受けていたのは、十一本目となる列車でのことだった。ケルン発、アムステルダム行き。トラブルは油断し始めた頃にやってくる——。

ドイツから国境を越えて、オランダへ入ったところまでは平穏な移動が続いていた。だから国が変わって検札にやってきた車掌さんが眉をひそめて何かを言った時には、最初咎《とが》められているのだとは理解できなかった。僕に通じていないと見たのか、車掌さんはゆっくりした英語で次のような台詞を言い直した。

「ここに記入していないのはなぜですか？」

僕が提示した鉄道パスのとある箇所を指差している。パスにはカバーも兼ねた台紙が付いているのだが、その台紙に関してクレームを付けられているようだった。ただの台紙だろうと気にも留めていなかったのだが、見ると台紙にも名前や住所などを記入する欄があった。

さらにはご丁寧にも、乗った列車をメモする欄がある。英語の説明を読むと、パスを使い終わったら本紙に記入して送って欲しい、みたいなことが書いてある。アンケートの一環のようにも思えた。何が問題なのかサッパリだ。

ところが、僕が首を傾げキョトンとしていると、その車掌さんは先ほどよりも幾分怒りを滲ませた口調でこう続けた。

「記入しないで乗った場合には、一日につき五〇ユーロの罰金ですよ。今日で五日分なので二五〇ユーロですね」

——えっ。耳を疑うとはこのことである。そんな話は聞いたこともなかった。だって、ただの台紙じゃん。うーむ、全然納得いかない。

頭に血が上りそうになった。僕は基本は小心者だが、火がつくと理性が利かなくなるタイプなのだ。けれど、ここで闘うのも大人げないし、ルールを盾に取られている以上、怒らせてもこちらが不利になるだけだと、ぎりぎりのところで踏みとどまる。

「すみません。それは知らなかったです」

あくまでも低姿勢を崩さず謝罪すると、車掌さんはヤレヤレといった感じで、

「じゃあいますぐ書いて。また見回りに来るので」

と先ほどよりも明らかに尊大な口ぶりでそう告げ、僕の元から去っていった。こちらこそ

ヤレヤレである。

後で冷静になって振り返ると、単にいちゃもんをつけられただけの話だと思う。過去の旅でも、アジア人というだけで、似たような理不尽な処遇を受けたことはあったのだ。

確か南アフリカでバス移動している時のことだった。途中で検問があって、車内の乗客の中でなぜか僕だけが荷物を開けさせられたのだ。南アフリカはかつてオランダ領だった歴史を持ち、とくに白人の中にはオランダにルーツを持つ者も少なくない。アフリカーンスと呼ばれる同国の公用語も、オランダ語を元にしたものだ。

またしてもオランダか——。

釈然としない気持ちを抱えつつも、僕は言われた通りに空欄をすべて埋めた。しかし例の車掌さんは、あれ以来検札に訪れることはなかった。

気を取り直して、アムステルダムである。

ここに来るのはミラノ同様、最初の世界一周の時以来、二度目になる。一度でも来たことのある街は気楽なものである。当時の記憶を辿りながら、スーツケースを転がし宿を目指した。

結局ルーターは繋がらず、ケルン駅で偶然拾った野良Ｗｉ‐Ｆｉで急ぎネットで予約した宿だった。詳細なスペックやクチコミなどを見て比較検討する余裕はなく、駅から近いという立地と、あとは料金だけで選んだ宿だった。

そのせいか、チェックインして部屋に入った瞬間にまず感じた。

——宿選び、失敗したなあ。

背の高い建物はいかにもアムステルダムといった感じだが、そのせいで窓が申し訳程度にしかなく、インテリアもぼろく、そしてどこか黴臭《かびくさ》い。

いかにも場末の宿といった佇まいに意気消沈するも、もうお金も払ってしまったので変更するわけにもいかない。今朝までいたフランクフルトのホテルがかなり立派なところだっただけに、激しい落差に憂鬱な気持ちにな

まるで屋根裏部屋のよう。コンパクトで機能的と割り切るべきか。

ってしまったのだった。

車掌さんの一件に加え、今日はなんだか色々と調子が出ない。旅にも波があるということか。

ルーターに関しては喫緊の課題なので、僕は借りた会社に電話をかけてみた。サポート窓口の電話番号がなんと各国ごとに用意されていて、オランダの番号にかけたが、恐らくどこかに転送されているのだろう。

なぜか留守番電話サービスセンターに繋がった。相談内容と連絡先を教えて欲しいという自動音声に若干戸惑いながらも、状況を一通り吹き込んでおくと、しばらくして電話がかかってきた。日本人らしき男性だった。こういう時に日本語で相談できるのはさり気なく助かるが、調べてまた折り返しますと言って切られて以来、その日は電話がかかってこなかったのであった。うーむ。

仕方ないので、街で見つけた携帯ショップでプリペイドＳＩＭを調達することにした。手持ちのｉＰｈｏｎｅはＳＩＭフリー端末なので、海外旅行では普段はこうして現地ＳＩＭを入れているのだ。１ＧＢまで使えるものが二〇ユーロだった。アジアと比べれば、やはり値頃感は薄い。

そうこうしているうちに、街はすっかり夜の部に移行していた。凍えるような寒さが身に染みる。ケルンも寒かったが、さらに冷え込みが増してきたようだった。

街ゆく人たちがみなニット帽を被っているのを見て、羨ましくなった。通りに並ぶ土産物屋でも、一番目立つ場所に陳列されているのがニット帽だった。流行りなのだろうか。「AMSTERDAM」という文字が刺繡されたものが多いが、いかにも土産物という感じなので、そういった飾りのないシンプルな焦げ茶色のニット帽を買ってその場で被った。なんだかんだで荷物は増えていくのだった。

アムステルダムといえば、なんとなく治安が良くないイメージがあった。あくまでもイメージに過ぎず、前回の滞在時にもとくに問題はなかったのだが、この手の直感は大事にしたい。実際、奇声を上げて道路にゴロゴロ寝転がっている若者なども目にした。何より意気消沈気味だったので、あまり夜出歩く気分にはなれなかった。

夕食を取りに日本食レストランに入ったのは、トラブル続きの一日に精神的に少し参っていたからかもしれない。宿からほど近いところで偶然見つけた赤提灯に引かれるようにして、ドアをくぐっていた。いよいよ日和《ひよ》ってしまったわけだ。

昔ながらの日本人形や、富士山のペナントなどがこれ見よがしに飾られ、過剰なほどに日本らしさを演出しているのだが、日本人の僕からすると、まとまりのないちぐはぐな印象も受ける店だった。接客に現れたアジア系の女性を見て、得心した。日本語で話しかけてもまったく通じない。そう、中国人が経営する日本食レストランだったのだ。

それでもわずかな期待を胸に、僕はラーメンとライスを注文したのだが、なぜか厨房の方から電子レンジがチンと鳴る音が聞こえてきた。はて、ラーメンライスを作るのにどこで電子レンジの出番があるのだろうか。

待たされてようやく出てきたラーメンを見て、わずかな期待は落胆に変わった。それは形容しがたいものだった。平打ちの麺だが一本一本が短く、箸ですくうとポロポロこぼれ落ちる。スープにはラー油が浮いており、見た目通りのスパイシーな味。具はワカメがたっぷりで、ライスはタイ米だった。パッと見こそ、ラーメン然としているものの、とてもラーメンと呼べるシロモノではなかった。

――うえのはつのやこうれえっしゃ、おりたときから～♪

店内のBGMには、耳馴染みのある演歌が流れていた。こうして異国の地で怪しい日本食を前に聴くと、改めて郷愁を誘ういい歌だなあと思った。

一〇メートル四方ほどの小さな店だった。通りに面した窓越しにチラチラと様子を窺っていく人と目が合う。入口に掲げられたメニューを物色している雰囲気で、入ってくるかなと思ったら――素通りしてしまった。

見るからにアジア人である僕が食事をしているのが呼び水の役目を担う一方で、客がその僕一人だけなので決定打には至らないのかもしれない。

そうこうしているうちに、とうとうカップルが入店してきた。ほかにも空いている席があるのに、僕のすぐ後ろのテーブルに案内された。気になってなんとなく注意を向けていると、メニューを前にあれこれ言い合っているようだった。彼らからすると想像の付かない料理もあるのだろうなあ。

かなり長い時間をかけてようやく注文を決めたカップルが、店員の中国人女性を呼んだ。ところが、滞りなく注文できなかったらしい。

「ええとこの寿司セットと、エビの天ぷら、あ、寿司はサーモンも単品で」

「今日はエビがないから天ぷらはできません」

「…………」

「どうしますか？」

「……考え直すので、もう少し待って」

ローカルな言葉なので詳細までは分からないが、会話風に要約するとこんな感じのやり取りである。何かのコントを聞いているみたいで、可笑しくてぷぷぷとにやついてしまった。ものすごく些細なエピソードではあるが、一人で旅していると、こういった些細な出来事に敏感になるのだ。

店を出る頃にもまだ石川さゆりが流れていた。津軽海峡に想いを馳せながら、僕は夜のアムステルダムを足早にホテルへと急いだのだった。

(11) オランダ版サバサンド現る!

漂う場末感に耐えきれず、ホテルを変えようかと逡巡していた。決定打となったのは、ビールグラスを手にした酔っ払いのオジサンがフロントに入ってきて、スタッフの女性に絡んでいくという一幕を目にしたからだった。負の連鎖を断ち切るためにも、気分を一新したかった。

ネットで改めてきちんと調べ、評判の良さそうなホテルに予約を入れ、翌朝早々にそちらに引っ越しを済ませた。まだ午前中だったが、空いているからとすぐに部屋の鍵をくれたのはうれしい誤算である。

十七世紀に建てられたというクラシカルな建物の、由緒ある四つ星ホテルだった。あのハイネケン・ビール発祥のバーをホテル内に併設しているのも、酒飲みの琴線に触れた。

意外に知られていないが、ハイネケンはオランダのビールなのだ。以前にアムステルダムへ来た時には、ハイネケンの工場見学もしていた。ビールの製造工程を順を追って学びながら、ところどころで試飲スペースが設けられている。一通りの見学を終えた後に、最後のお楽しみとして試飲が待っているという一般的な工場見学の常識を覆されたのはハイネケンが唯一で、十年経ったいまも強烈に印象に残っている。

僕にとってのアムステルダムのイメージは、アンネ・フランクやゴッホよりも、ハイネケンなのである。

アンネ・フランクと言えば、彼女がナチスの迫害から身を隠していた家が博物館として観光客に公開されている。ガイドブックには必ず載っている、定番中の定番スポットだが、実は中へ入ったことはない。正確に言えば、中に入るのを断念した。家の前までは行ったのだが、入場待ちの長蛇の行列を見て諦めたのだ。

せっかく再訪できたのだから、今度こそ中へ入ってみたいと企んだ。引っ越し先のホテルで荷解きを済ませ、まず向かったのだが——十年前と変わりのない光景が目の前に広がっていた。やはり、大混雑していたのだ。

行列はあの時よりもむしろ長くなっているようにも感じられた。行列に並ぶのは、十年前よりもさらに苦手になっている。僕はあえなく匙を投げた。リベンジは叶わなかったのである。

ただ一方で、収穫もあった。

アンネのその家の、すぐ目の前の運河の光景がとびきり美しかったのだ。アムステルダムは運河の街で、絵になる風景のオンパレードだが、意識して美景探しをすると、いいところで街路樹が邪魔をしていて惜しかったりする。

ところが、そこは遮るものもなく、しかも寄せ合うようにして立ち並ぶ家々の形や配色具合なども文句の付け所のないほどだった。小さな橋が架けられ、その上を時折自転車が通り過ぎるのを対岸から眺め、気まぐれにシャッターを切る。

——絶景という言葉はこういう時に使うのではないか。

そんなことも思った。

実はこの数年、「絶景」という言葉を安易に使いすぎだろうと、メディアのコピーなどを見て常々感じていた。耳ざわりの良いフレーズが使いやすいのは理解できるが、なんでもかんでも絶景呼ばわりで、「絶景の安売り」のような状態になっている。

そう簡単には出合えないからこそ絶景なのではなかろうか。そもそも、その基準自体が怪しい。少なくとも、有名スポットである必要はないし、誰かに強制されるものでもないはずだ。

旅をしていると、一目見て瞬時にして心奪われる瞬間がある。偶然見つけた、そんな自分にとってのとっておきの風景を僕は絶景と呼びたい。

つい偉そうなことを書いてしまったが、絶景探しをするのならアムステルダムほどうってつけの街もない気がするのだ。

地図で見ると、非常に特徴的な地形を持つ街だと理解できる。昨日僕がまさに降り立ったアムステルダム中央駅を起点とし、放射状に広がるようにして運河が張り巡らされている。道路も建物も何もかもが、運河の存在を前提として形作られていると言えるだろうか。

喩えるなら、半切れのバームクーヘンのような感じである。半円状に続いている運河に沿って歩いていくと、ぐるっと一回りできるというわけだ。散策する際には、どの運河を選ぶかが大きな分かれ目となるが、途中で横移動して隣の運河に浮気したりと、割と気ままにコース取りできる。あてどもなく、自分の勘を頼りにそぞろ歩くのが正解かもしれない。

さらに細かいことを言えば、運河の両岸のどちらを歩くかでも何気に見える風景は変わってくる。冬の太陽は低く、急角度から陽射しが注ぐ。左岸を歩くと運河越しに眺める右岸は逆光となり、写真を撮るには少々厳しい。かといって右岸に来ると、高い建物が道全体を日陰にしており、あまりの寒さに対岸の陽射しが恋しくなる。

僕はアンネ・フランクの家を出発点とし、そこからぶらぶらと運河沿いを歩いていった。ペースは非常にゆっくりだ。気になる景色があれば立ち止まってカメラを向ける。束の間の自由を謳歌できるこんな一時が、一人旅の醍醐味でもある。

自動車の交通量は少なく一見歩きやすそうだが、代わりにこの街では自転車が幅を利かせている。世界でも屈指の自転車大国である。

日本でも都市部は近年自転車がブームで、毎日の通勤にも電車ではなくあえて自転車を選ぶ人が増えつつある。何を隠そう僕自身も自転車通勤である。けれどオランダの状況を見ると、まるで比較にならない。

そこもかしこも自転車、自転車、自転車なのである。まさに人々のメインの移動手段といった感じで、当然のように自転車専用道も完備されている。街作りの前提として、運河だけでなく自転車の存在も加えてよいだろう。

自転車はクリーンでエコなイメージの代名詞と言える。とはいえ、自転車の街アムステルダムをいかにも先進的であるなどと、ありがちな論調で語るつもりはない。むしろ、苦言を呈したくなったのだ。

アムステルダムそぞろ歩き。レンタサイクルで走るのも楽しそう。

光もあれば闇もあるのだと実感させられたのは、自転車に乗っている人たちが必ずしもマナー正しいわけではないからだった。

街を歩いていて、自転車に轢かれそうになったこと、一度や二度ではない。ヒヤッとさせられる場面に幾度も遭遇したのだ。

この街では信号無視も珍しいことではなさそうで、横断歩道を渡っていると、平気で自転車が突っ込んでくる。それも猛スピードで。向こうは僕を認識しており、避けて行くつもりなのだろうが、歩行者からすると正直とても怖い。

言葉は悪いが、要するに我が物顔なのだ。

確かに自転車には利点は多いが、過度に自転車ばかりを優遇しすぎると、それはそれで弊害も生まれてくるのかもしれない。

とまあイヤな思いもしつつも、運河散策は概ね満足のいくものだった。とくに印象に残ったのは花市場だ。運河沿いの小径に、露店風の花屋がずらりと並ぶ。

主役は言うまでもなくチューリップである。店頭にはお土産用の球根が吊り下げられ、花好きとしては物欲を刺激されることしきり。時期的にもうすぐ開花なので、いまから植えても間に合わない気もするが、一足早く花を咲かせた鉢植えなんかも売られており、客が次々と手にとって品定めしていた。

花を売る露店から通りを挟んですぐ前にはチーズ屋さんが立ち並んでいるのも魅力的だった。オランダといえば——またしてもこの形容になるが——風車である。その動力を利用して作られるチーズもまたこの国を代表する名物と言える。

チューリップと風車の国といういかにもオランダ的な要素が、この小さな通りに凝縮されているのだ。花より団子ではなく、花も団子も、である。

団子については、さらに特筆すべき出合いもあった。花市場に臨む小さな広場に、立ち食いのスタンドのような店が出ていた。

——ホットドッグだろうか、それともピザかな？

そろそろ小腹が空いていたのもあり、何の

この路駐っぷり！　東京なら違法駐輪で根こそぎ持って行かれる？

気なしに覗いてみて、意表を衝かれた。ガラスケースの中に陳列されていたのは、肉ではなく魚だったのだ。それも生魚である。僕が目を丸くしていると、店のお兄さんが妙ににこやかに英語で説明してくれた。オランダ語のメニューを指差しながら、

「これがサーモンで、これが……」

と英語に直してくれる。露店にしてはメニューがとても豊富で、たっぷり一分はかけてお兄さんはすべてのメニューを訳してくれたのだった。

いまさら「やっぱりいいです」と断りにくい雰囲気になってしまった。訳してもらっておきながら恐縮なのだが、恐らく魚の種類を言い表すであろう英単語自体が僕にはさっぱりだった。とりあえずメニューの一番上に載っていて、お兄さんもとくにオススメと言っていた一品を指差しで注文した。

出されたのはサンドイッチだった。バゲットではなく、コッペパンのような柔らかいパンに、生魚とピクルス、刻んだ玉ねぎが挟んである。これまでに見たことのない、実に珍しい食べ物だ。

恐る恐るかぶりつく——お、美味しい。それもかなり。試してみるものである。あっという間に完食した。

すぐに連想した食べ物があった。イスタンブールのサバサンドだ。

アジアとヨーロッパを結ぶボスポラス海峡に面した、ガラタ橋のたもとで売られている、同地の超有名なB級グルメ。イスタンブールへ行ったことのある人なら、ほぼ間違いなく食べた経験があるだろう。

あちらはパンはバゲットで、挟むのは焼いたサバなので、厳密には同じとは言えないが、魚のサンドイッチという共通点は大きい。

そういえばヤーマンも、ニースの後にトルコへ行く目的を、「サバサンドが食べたいから」と言っていた。魚好きな日本人としては、旅話のネタになりがちな食べ物の筆頭の一つと言っても過言ではないと思う。

そのサバサンドを彷彿させる、アムステルダムのサンドイッチだった。それにしてもこの魚は何だろうか、というのが気になった。

一応写真も載せておく。アムステルダムへ来たらニシンサンドを！

メニューに書かれていたオランダ語を入力し、ネットで検索してみた。するとニシンと和訳が出ていた。

なるほど、サバサンドならぬニシンサンドなのである。

予期せずして当たりを引くと、なんだか得した気分になれる。僕はすっかり浮かれてしまった。やはり花より団子、なのかもしれない。


ちょっとした事件もあった。運河をひたすら歩き、中華街らしきエリアに足を踏み入れた時のことだった。看板に漢字の文字が躍る。明らかにほかとは違った雰囲気を持つ街並みに興をそそられ、僕は写真を撮りまくっていた。

ファインダー越しに、向こうから自転車でやってきた黒人の男と目が合った。そして次の瞬間、なぜか男は鬼のような形相で僕を睨みつけてきた。

——えっ、なんだろう？

僕が呆気に取られていると、男は一目散にこちらに向かってくる。そしてそして、なんとあろうことか、ペッとツバを吐きかけてきたのだ。

——えっ、えっ、えええええ⁉

あまりの出来事に、最初何が起きているのか分からなかった。男はそのまま走り去って行った。別にあの男の写真を撮っていたわけではない。何も気に障るようなことはしていないつもりだが……。怒り、悲しみ、恐れ、その他様々な負の感情が渦巻いて、僕はその場に立ち尽くしてしまった。

「気にしないで」

その言葉が、僕に向けられたものだと理解するのに数秒を要した。振り向くと、これまた自転車に乗った白人のオジサンが眉根を寄せていた。

「気にしないで」

オジサンは英語でその台詞を繰り返した。励ましてくれているのだと、ようやくおぼろげながら僕は理解することができた。

「変なやつもいるけど、この街はいい人の方が多いから。アムステルダムを嫌いにならないでね」

オジサンはそう言葉を続け、最後にもう一度、

「気にしないで」

と呟き、去っていったのであった。

僕は少しだけ救われた気分だった。運が悪かったと諦めるしかない。その境地に達することができたのは、紛れもなくあのオジサンのフォローがあったからだった。

夕食はホテル内のバーで取ることにしたのは、中華街での一件のせいで後ろ向きな気分がどうしても払拭できなかったからだ。もっと正直に言えば、ビビッていたとも言える。初日に感じた治安上の懸念は、残念ながら見当外れではなかった。

ホテル内のバーとはいえ、同時にここはちょっとした観光名所でもあることは前述した通りだ。ハイネケンの最初の醸造所だった建物が、現在ではホテルになっており、当時の資料の展示や、ハイネケングッズの販売なども行われている。

当然ながら、僕が注文したのはハイネケンである。ビール一杯とハンバーガーのセットメニューがあったので、迷わずそれをチョイスした。昼間のニシンサンドに引き続きA級ではない食事となったが、ハンバーガーのセットドリンクがビールというのも、ある意味で異国情緒のある組み合わせに思える。

ぐびっと飲みながら、僕は一日を振り返った。

なんだか目まぐるしい一日だった。運河と共存する美しい街並み、自転車の楽園、そしてチューリップ——ヨーロッパのほかの街にはない特徴的な魅力に溢れる一方で、一筋縄ではいかない手強さも兼ね備えている。

旅人は大海原で舵を取る。常に平穏なわけではない。時には荒波が襲ってくるが、へこたれずに乗り切らなければならない。浮かれてばかりはいられないのが旅なのだと、僕は気を引き締めたのだった。

(12) 旅は谷あり谷あり

七時過ぎには目を覚まし、備え付けのポットでお湯を沸かしてコーヒーを淹《い》れた。インスタントだが、こうして部屋で気軽に飲めるのは助かる。昨日のうちに街で買ってきてあったパンを朝食として、朝の散歩に出発した。

前日に辿ったのとほぼ同じコースをゆっくり歩く。自転車で通勤する人の姿をちらほら見かけるが、まだ早いのかラッシュというほどではない。

僕は昨日の夕方に見た光景を回想した。現地時間で午後四時頃だったろうか。運河沿いに立ち並ぶ家々から、コートを着た男女が一斉に出てきて自転車にまたがり始めたのだ。仕事を終え、帰宅する人たちのようだった。

——えっ、もう退社するの?

自分のことは棚に上げ、僕は啞然とさせられたのだ。午後四時に帰れるのなら、会社勤めも悪くない。働き者の国から来た旅人としては、またしても羨ましさが募ったのだった。

では一方で、彼らは朝早くから来ているのだろうかと気になっていた。早朝の街並みから察せられる限りでは、答えは否と言えそうだ。

再びアンネ・フランクの家の前までやってきた。実は昨日の運河散歩の最後にも、ここを訪れていた。あの絶景の、夕暮れ時の姿が気になったからだ。決して長くない滞在中に三度も訪問しているのだから、我ながらもの好きだなあと自覚する。それほどまでに、ここから見える景色に魅入られてしまったのだ。

肝心の博物館はというと、まだ営業前だというのに、早くも長い行列ができていて驚愕させられた。あわよくば今度こそ入れるかも、などと胸の裡《うち》に密かに抱いていた期待があえなく打ち砕かれる。こういう時は、無理しないに限る。どうやら僕には縁のないスポットらしい。

そうこうしているうちに、白いものがちらつき始めて僕は目を瞬《しばたた》かせた。雪である。どうりで寒いわけだ。自転車の姿が少ないのは、もしかしたら人々が雪を警戒して今日はトラムを使うことにしたからかもしれない。徒歩の人たちもみな、心なしか足早に通り過ぎていくように見えた。

大人しくホテルに戻ろうかとも考えた。今日はもう次の街へ向けて移動しなければならない。けれど花市場に面したあの広場へ向かったのは、ニシンサンドの味が忘れられなかったからだった。去る前にもう一度食べたい。自分にとっては、今回のアムステルダム滞在における最大の収穫と言えた。

ところが、である。未練がましくも誘惑に負け、広場までの結構な距離を歩いたにもかかわらず、無情な結末が待っていた。

なんと、閉まっていたのだ。

雪のせいだろうか。もともと定休日なのだろうか。理由は定かではないが、僕は悔しくて歯噛みしたのだった。

項垂《うなだ》れながら、最短距離をホテルへ急いだ。荷物をまとめチェックアウトすると、税金の支払いを求められた。四ユーロ。高くはないが、安くもないそれを払い、僕はスーツケースを転がし駅へ向かった。

結局二泊しただけだが、僕の中でアムステルダムに対して愛着が生まれていた。それは、すべての行程を自分の足で歩き回ったことと無関係ではないだろう。考えたら一度もトラムには乗っていない。歩いて、歩いて、歩き尽くしたことで得た達成感。後ろ髪引かれる思いで、街を去ることになった。地面には雪がうっすらと積もり、白くなり始めていた。


アムステルダム中央駅では、まさかの事態が待ち受けていた。

ベルギーのブリュッセルまでの直通列車、タリスに乗るつもりだった。フランスのTGV

をベースにした、これまたヨーロッパを代表する高速列車だ。

例によって鉄道パスだけでは乗車不可能で、座席指定料金を別途支払う必要がある。僕は切符売り場に並んで、時刻表を指差しながら、希望の列車を伝えた。

すると、カウンターのお姉さんはなぜか戸惑いの表情を浮かべ、こう続けたのだ。

「今日はタリスは運休になりました。フランスが大雪なので……」

……って知らないの君は？　お姉さんのぶっきらぼうな物言いには、いかにもそう問いたそうな冷ややかさが込められているようだった。ひょっとしたら構内アナウンスなどで周知されていたのかもしれない。それ以前に、ニュースで見て知っているのが当然といった

アムステルダム中央駅はオランダらしいデザインで実に絵になる。

雰囲気にも感じられた。

アムステルダムからベルギー経由でパリを結ぶタリスは、欧州における重要路線の一つと言える。それが運休というのはゆゆしき事態なわけで、暢気《のんき》にやってきて、タリスに……などといまさら言う客はお笑いぐさなのだろう。

ともあれ、困ったことになった。この街にもう一泊しようかとも一瞬考えたが、そろそろ旅も終わりが見えてきたいま、僕は先を急がねばならなかった。

「ブリュッセルへ行く列車はほかにないですか？」

困り顔で聞いてみると、お姉さんはヤレヤレといった感じで教えてくれる。

「普通列車は動いているので、それを乗り継げば行けるはずよ。いまのところは、だけど」

彼女に教えられ乗り込んだのは、ロッテルダム行きの列車だった。そこから国境を越えてベルギーに入る列車に乗り継げるという。

面倒な事態に巻き込まれ辟易する一方で、非日常的な現実にどこか昂揚する気持ちも芽生え始めていた。そう簡単には行かせないぞ、と障壁が立ちはだかるのならば、こちらも望むところなのである。

時刻表と睨めっこしながら、取り得る最短ルートを導き出す。当初はブリュッセルへ行くつもりだったが、ここで目的地をブルージュに変更した。ロッテルダムからアントワープへ抜け、さらに乗り換えればアントワープからは一本で行けそうだと分かったからだ。

ブリュッセルは以前に訪れたことがあり、知らない街へも行ってみたかった。それにタリスがないなら、わざわざブリュッセルへ寄る理由もない。朝起きた時には考えもしなかった展開に、俄然モチベーションが高まってきた。何事もポジティブに考えた方がうまくいく。予定調和ではない旅は、むしろおもしろいのだ。

ホームへ到着すると、既に目的の列車が待機状態だった。白地に群青色と山吹色の模様が入った、オランダらしいデザインの車両だ。色使いがミッフィーのようにも感じられた。ディック・ブルーナ作のミッフィーは、この国を代表するキャラクターだ。

そのまますぐに乗り込むと、二等車両のようだった。持っている鉄道パスは一等なのだが、短距離なのでわざわざ移るのも面倒くさく、そのまま座席に落ち着いた。

ロッテルダムへの道すがら、検札がやってこなかったのは、この旅初めてのことだった。もっとも、わずか一時間強の普通列車であるし、不自然なことではない。

タリスに乗っていた場合には、結構な金額の追加料金を取られたであろうと思うと、結果的に予算が浮いたとも言えた。その分、豪勢に昼食でも取ろうとロッテルダムの駅構内で店を探したのだが、ファストフードばかりでめぼしいレストランはなさそうなのは残念だった。

不本意ながらも、僕はバーガーキングで食事を済ませてしまった。考えたら昨晩もハンバーガーだったような……。楽しみは今晩に取っておくことにする。ベルギーなら期待できそうだし。

ロッテルダムで降りたのは初めてである。オランダ第二の都市というだけあり、駅を出たら近代的なビルが立ち並んでいるのが見えた。軽く街歩きをしたいところだが、次の列車まで時間があまりなかった。運行状況を再度確認したところ、時刻表にはない列車があることが分かったのだ。「Extra Train」と書かれていたので、臨時列車なのかもしれない。

あの後ネットで調べたところ、タリスだけでなくユーロスターまで運休になっているようだった。ロンドンとパリを結ぶ高速列車だ。ツイッターで検索すると、パリに足止め、も

随分と近代的な雰囲気のロッテルダム駅前。街中は残念ながら未見。

しくはロンドンで身動きが取れなくなっている人たちのつぶやきがたくさん表示された。ヨーロッパの鉄道網が混乱しているようだった。

しかしロッテルダムでは、雪の面影はまったく見られなかった。本当にフランスは大雪なのだろうか、と懐疑的な気持ちも抱くのは、ニースで呆気なくカーニバルの中止が決まったのを目の当たりにしたからだ。誤解を恐れずに言えば、フランス人なら多少の雪ぐらいで平気で運休にしそうな気がするのも正直なところだった。

臨時列車で僕はアントワープを目指した。名前はもちろん知っていたが、ダイヤモンドの街という予備知識ぐらいしかない。

そのアントワープ駅で、またしても予期せぬ事件が起きたのだった。

眠りこけているうちに国境を越え、呆気なく到着していた。寝ぼけ眼をこすりながら、ブルージュへ向かうベルギーのローカル線に乗り込んだ時のことだ。

トントン――。

後ろから誰かに肩を叩かれ、僕は振り返った。立っていたのはドレッドヘアの黒人の男だった。

「背中が汚れているよ」

――えっ？　咄嗟には状況が飲み込めず、ボー立ちする僕に男は重ねて言った。

「だから、背中が汚れてるよ。脱いで見てごらん」

訝しげなまま、水色のダウンジャケットを脱いでみると、果たして背中の部分に糊のようなものが付いていた。それも、かなりべっとりと。アイスクリームか何かのようだった。

思い当たる節がまるでない。僕が首を傾げていると、男は気遣わしげな表情を浮かべ、さらに何かを言ったが、早口すぎて聞き取れなかった。

「オーケー」

全然オーケーではないが、僕はかろうじてそう答え、状況を整理しようととりあえず席に着いた。その若者も近くの席に座ったが、ちらちらとこちらの様子を窺ってくるのが分かった。

隣の席にギャラリーがいたのは不幸中の幸いだったと言えるだろうか。一部始終を見ていたらしき白人の若者たちにひそひそとした小声で話しかけられたのは、そんな時だった。

「……注意した方がいい」

若者の助言にハッとさせられた。事ここに至ってようやくピンときた。

――ス、スリか！

僕は慌ててポケットの中に手を突っ込んだ。財布はある。ｉＰｈｏｎｅもなくなっていない。ポケットはジッパー付きで、きちんと閉まっていた。そのお陰か、盗られたものはなさそうだった。危機一髪とはこのことである。

ふと気が付いた時には、さっきまで近くにいたはずのドレッドヘアの男の姿がなかった。手口がばれて逃走したのかもしれない。プロの手口のようだった。それもかなり古典的な手口と言えた。

実は以前にも、似たようなスリに遭遇した経験があった。ボリビアの首都ラパスでのことだ。街を歩いていたら、突然生ぬるい液体が顔面を直撃したのだ。同地ではツバかけ強盗が跋扈《ばっこ》していると事前情報で散々聞かされていた。だからその時は素早く逃げて事なきを得たのだが、立ち止まってあたふたしていると親切を装って近づき、隙を見て財布などを奪うのだという。

ツバではなくアイスクリームだったが、手口としてはボリビアのとほとんど同じと言えた。そうとすぐに気が付けなかったのは我ながら情けないが、それ以上にべっとりしたダウンジャケットをハンカチで拭くのはとても惨めだった。

「大丈夫ですか？　盗られたものはない？」

先ほどの若者が声をかけてくれた。膝の上に抱えるカバンに、赤いカエデの葉が刺繍してあるのが見えた。カナダ人のバックパッカーのようだった。

「はい大丈夫、たぶん。ありがとう」

「気を付けて。このあたりはスリが多いんだよ」

妙に説得力を感じさせる物言いだったのは、彼らも経験者なのかもしれない。ブルージュまで一緒かなと思ったが、彼らは少し手前の駅で降りていった。

「じゃあ良い旅を。元気出してね」

去り際にそう言い残して。

昨日アムステルダムの中華街でツバをかけられ、通りすがりのオジサンに励まされた記憶がフラッシュバックした。二日連続で同じような展開となるとは……。

手痛い目に遭いつつも、別の善意に心救われる。山あり、谷ありだなあ。

(13) 可愛らしい街が好き

ブルージュに着いた時には、青々とした気持ちの良い空が広がっていた。ここからフランスまでは数十キロの距離しかないが、雪の気配などまるで感じられない。

駅前の広場は閑散としており、人はまばらだった。高い建物もなく、非常にサッパリした景観なのを見て、なんだか帰ってきたような気分になった。スイスで訪れたクール以来の田舎街である。フランクフルトやアムステルダムという大都会とはまた全然違った旅が始まりそうな手応えを感じ始めていた。

古い街並みが色濃く残るところと聞いていた。なにせキャッチコピーが強烈だ。

――天井のない美術館。

そんな風に形容されている。まるで絵画のような麗しい街と聞けば、俄然興味が募るのだった。駅の周りを見る限りでは、そんな雰囲気は微塵も感じられないが、地図を見ると、駅は旧市街から外れた場所に位置しているようだ。急遽予約したホテルは旧市街の中にある。僕は逸《はや》る気持ちを抑えつつ、足を踏み出したのだった。

石畳の道を、こうしてスーツケースを転がしながら歩くのも、もう何度目のことになるのだろうか。一般的なアスファルトの道路と比べると、やはり明らかに取り回しにくい。街によってでこぼこ具合には差があるなあと感じていたが、ブルージュの石畳はとりわけ凹凸が激しいと感じた。ゴロゴロしているとしょっちゅうキャスターが引っかかるのだ。

裏を返せば、それだけ現代的な手が加えられていないのだとも言えた。過去の遺産が大切に保存され、いまも人々の暮らしに身近な存在として息づく。何でもかんでも建て直してピカピカにしてしまうアジア人的感性とは、相容れないものがある。

立ち並ぶ煉瓦造りの家々は、そんな石畳の風景に違和感なく溶け込んでいる。そぞろ歩きするだけで僕はもう相当に気分が浮き立った。自分が映画の登場人物になったような非日常感。来る前は、美術館は言いすぎなのではないか——などと穿《うが》った見方もしていたのだが、額面通りに受け取っても余りあるほどだった。

泊まる宿は、ベギン会修道院からほど近い路地に面していた。世界遺産に登録され観光客に開放されているが、現在も使われている修道院だ。せっかくなので中へ見学しに入ると、中年の尼僧とすれ違った。足元まで被うほどの長い法衣姿が目を引く。ファンタジー世界から飛び出てきたかのようだ。

ここは男子禁制、女子だけの修道院なのだという。それを聞いて、僕は腑に落ちるものがあった。実は薄々感じていたのだが、ブルージュの美術館のような街並みは、どちらかと言えば女性が好みそうな可愛らしさを内包しているようにも思えたのだ。

確信に至ったのは、この街で驚くほど何度も日本人とすれ違ったからだった。ヨーロッパの観光地で日本人とすれ違うのは、別に珍しいことではない。けれど目にする日本人が全員女性、それも二十代ぐらいの若い女子たちなのだ。たまたまなのかもしれないが、男性旅行者には一人も会わなかった。

これには目を瞠った。ウキウキしながら古都の街歩きを楽しんでいたが、いい歳したオッサン向けではなかったのかも……などと自意識過剰気味に気恥ずかしさも覚えたのだった。

もう一つ付け加えると、旧市街に軒を並べるショップの中で一際存在感を放っているのがチョコレートのお店というのも女性的かもしれない。ベルギーは言わずと知れたチョコレート大国だが、ブルージュではゴディバやレオニダスといった世界的一流ブランドだけでなく、地場のチョコレート店がそこかしこにひしめき合っていた。

甘いものには目がない僕は嬉々としながら店を何軒もはしごし、日本人女性たちを横目にチョコレートを物色していたのだが……。

でもいいや。スイーツ男子ということで、苦笑。可愛らしいものを愛おしむのは、女性だけの特権ではないのだ。

冬は日が短いとはいえ、午後六時はまだかろうじて薄明るさが残っている時間だった。それなのに、判で押したように一斉に店が閉まり始めたのには泡を食った。さらには潮が引くように、通りからはサーッと人がいなくなった。

眠りについたかのように、古都はひっそりとした静寂に包まれた。街灯の橙色の明かりが、石畳をドラマチックに照らすが、取り残され寒空の中をいまだに出歩いているのは、僕のような暢気な観光客だけのようだった。

ウッカリしていると、食いっぱぐれそうな危うさが漂い始めた頃、タイミング良く見つけた一軒の小さなレストランへ入った。家族経営の店なのだろうか。厨房からは旦那さんが顔を覗かせ、上品なマダム風の女性が席へ案内してくれた。

入口にも掲げられていたセットメニューを注文した。肉と魚で迷ったが、今日の魚はサーモンだと聞いてそちらにする。飲み物は白ワインだ。朝は買い置きのパン、昼食はバーガーキングだった。きちんとした食事にありつけるのは久しぶりだ。

すぐにワインとグラスが運ばれてきた。マダムはてきぱきとしていて、いい意味で予想が裏切られた気分だった。フランスの隣国ながら、気質は異なるのかもしれない。

人心地ついたところで、僕はアントワープでの一件を思い出した。危機一髪のところで

石畳の路地を抜けた先には、映画の舞台のような美しい広場が！

スリの被害からは逃れられたが、実に忌々しい出来事だった。ダウンジャケットに付けられたアイスクリームは、ハンカチで拭いただけでは完全には落ちず、ブルージュに着いてから宿の洗面所で時間をかけて洗い落としたのだ。

ただ、嫌なことがあれば、いいこともある。

実は今日、吉報が日本から届いたのだ。出版社の担当編集から来たメールだった。著書の増刷が決まったという。本を書くのを生業《なりわい》としている者にとって、何よりもうれしい報せだった。このワインは、ささやかながら祝杯のつもりなのだ。

さらには、ずっと懸案事項だったルーターが繋がらない問題もいちおうの解決をみた。アムステルダムで調べて折り返すと言われて以来、音沙汰がなかったので、僕の方から再度かけてみた。

電話に出た担当者は平身低頭お詫びの言葉を重ね、状況を説明してくれた。接続が切れたのは、現地キャリアが定める転送容量のリミットを超えてしまったせいだという。無制限での使い放題を謳っているレンタル・ルーターなのに矛盾した話だが、欧州の法規制に準じたものらしく、たまにこういうことが起きるのだという。

復旧させるのは不可能ではないが日数を要すると、担当者は申し訳なさそうに語った。少なくとも僕が日本に帰国するまでに接続を回復できる見込みはなく、未使用の日数分のレンタル料は全額返金しますとのこと。

使えないルーターを貸し与えられた側からすると文句も言いたいところだが、とりあえず僕はそれで納得することにした。担当者の応対がとても丁寧で、気持ちのこもったものだったことが大きい。海外にいると、日本のホスピタリティの高さが身に染みる。こっちで何か起きても、きっと同じようにはいかないだろう。

ただオランダで買ったSIMが、ここベルギーでもなぜか普通に繋がる。ローミングとはいえ、ベネルクス諸国内では国に関係なく利用できるのかもしれない。そういや鉄道パスもオランダとベルギーは一ヶ国扱いだった。

お酒が入ると、とりとめもない思考が頭の中を行ったり来たりする。あっという間にグ

ベルギーといえば……ワッフル？　とりあえず食べておきました。

ラスが空になった。いっそのことボトルで頼めば良かったかもしれない。

ドイツ、オランダではビールの日々だった。再びワインの国へ来たのだなあとしみじみする。考えたら、今朝起きた時には、こうしてこの街でワインを飲むことになるとは想像だにしなかった。列車が運休にさえならなければ、きっと訪れることのなかった街だ。偶発的な要素に翻弄される形となった。

でもまあ、結果オーライだろう。

ベルギーの後にどこへ行くかは一つの分かれ目だった。ベネルクス三国の残り一つ、ルクセンブルクが気になっていた。もしくは、このままもうロンドンへ向かうか。

この旅の最終目的地は、旅立つ前から決めていた。

アイルランドのダブリンである。セントパトリックデーという、アイリッシュ最大の祭典が予定されており、そこでフィナーレを飾る魂胆なのだ。

そのためには、まずドーバー海峡を渡ってイギリスへ行く必要がある。片やルクセンブルクは完全に逆方向なので、時間を大きくロスしそうだった。

実はモナコ、リヒテンシュタインと二つもの小国を今回巡ったことで、僕はふとあることに思いが至っていた。

訪問国数が、もうすぐ百ヶ国に届きそうなのだ。

数えてみないと正確には分からないが、たぶんいまで九十ヶ国ぐらい。国数なんてまったく無意味だと常々考えてきたが、いざそれが近づいてくると、気にならないと言えば嘘になるのだった。

また、これを言うとルクセンブルク人に怒られそうだが、滅多に行かなそうな国であることも確かだ。いま逃すと、もう当分訪れるチャンスはないかもしれない。

遠回りになるが国数を増やしに行くか、無理せずロンドンを目指すか――。

悩ましい選択だったが、僕は結局後者を選んだ。

ルクセンブルクに立ち寄ったら、ロンドンの滞在がかなり短いものになりそうだった。やはり、どう考えてもロンドンの方が遥かに魅力的だった。

別にスタンプラリーをしているわけではないのだ。国数にこだわるのは馬鹿らしいと思いとどまったのである。

ブルージュに別れを告げる瞬間がやってきた。来た時と同じ石畳の道を四苦八苦しながらスーツケースを転がし駅へ向かった。

すると、雪が降ってきた。

美術館のような古都の風情と雪の白さの絶妙な組み合わせは、冬のヨーロッパも悪くないと思わせる、僕にとって新鮮な美しさがあった。煉瓦造りの建物の赤みがかった色に、ほんのりと白が交わる。これまた絶景なり。

街から僕への最後の贈り物かもしれない、などと都合良く解釈しているうちに、雪の勢いはどんどん増してきた。見惚れている場合ではない。駅に駆け込んだ時には、目を開けていられないほどの猛吹雪に変わっていた。

第四章　イギリス〜アイルランド

(14) 初めて海を越える日

海を越えるのは、この旅始まって初めてのことだった。

とはいえ、船ではない。フランスとイギリスを隔てるドーバー海峡の下には、海中トンネルが掘られ、その中を列車が運行している。正確には「英仏海峡トンネル」というらしい。列車の旅人としては、ぜひとも乗ってみたい路線だった。

なんとなく思い浮かぶのは、青函トンネルだ。

青森から海を越えて、北海道の函館を結ぶ海底トンネル。全長五三・八五キロは、実は五〇・五キロの英仏海峡よりも長い。国境を越えて別の国へ移動するスケールの大きさから誤解しがちだが、我が国が誇る青函トンネルは海底トンネルとしては世界一の長さなのだ。逆に言えば、イギリスとフランスという二つの大国間の距離はそれだけ近いのだとも言える。

英仏海峡を越えるユーロスターに乗るために、僕はいったんブリュッセルへ出た。昨日は雪を理由に運休したと聞いていたが、今日は問題なく運行しているという。

ただし、前日乗れなかった客が流れたためか、ユーロスターは混雑しているようだった。切符はブリュッセルではなく、ブルージュを出る時に購入しておいたのだが、その時点で既に一等車両は満席。かろうじて数少ない二等座席の空きの一つになんとか潜り込めたのであった。

ここからは鉄道パスは使えない。イギリスはユーレイルセレクトパスには対応しておらず、別途切符を買わなければならないのだ。計八日分のパスだったが、結局全日数分は使い切らずに終了となった。少しもったいない気もしたが、日数が余るのは青春18きっぷで旅する時も同じだなあと、日本の旅を回想した。

ちなみに、ブルージュの窓口で切符を買う際に、僕はダメ元で鉄道パスを提示してみた。それですると、なんと鉄道パス所持者向けの割引料金になったのは、うれしい誤算だった。それでも二等座席で九〇ユーロは、決して安くはない。

イミグレーションを通過したのも、最初に日本から到着したパリの空港以来のことだった。イギリスはシェンゲン協定に非加盟なので、ベルギーを出国し、イギリスに入国する手続きが必要となる。イギリスは通貨もユーロではなくポンドだし、同じEU諸国の中でも足並みを揃えずに我を通すところには、大国の意地のようなものを感じる。

とはいえ、旅人からしたら面倒な話にすぎない。しかもこの国の入国審査は厳しいのだ。根掘り葉掘り質問され、危うく別室送りになりそうになった経験がある。

「Do you have a weapon?」

武器は持っていないか――真顔でそんなことを訊かれたのは、ヒースロー空港だったろうか。半分冗談だとは思うのだが、当時の僕のパスポートにパキスタンのビザがあったことを問題視されたのだ。

十二日間で世界一周するという暴挙に挑んだ時にも、わずかな乗り換え時間を利用して入国しようとしたら、露骨に怪しまれたのを思い出す。イギリスへ入国する時は――ついでに言えばアメリカもそうだが――僕にとっては世界のどの国よりも憂鬱な気持ちになるのだ。

ところが、ユーロスターでの国境越えは拍子抜けするほどにアッサリとしたものだった。ブリュッセル駅にはユーロスター専用の入口が設けられている。切符を提示して中へ入る

ブリュッセル駅にはユーロスター用の入口が。気分は早くもロンドン。

と、まずベルギーの出国審査ブースがあるのだが、その先になんともうイギリスの入国審査も控えているのだ。

てっきりイギリスに着いてからだろうと思っていたので、これには驚いた。紛れもなくベルギーという別の国にいるのに、そこはもうイギリス領扱いなのである。

「イギリスには何日滞在しますか？」

パスポートを差し出して訊かれたのは、それだけだった。空路で訪れる時とは違って、イミグレーションも極力簡略化されているのかもしれない。

入国審査の先は、ベンチが置かれ空港の待合室のような空間になっていた。カフェテリアを見つけたので、コーヒーと昼食にサンドイッチを買って席に着いた。

無料のＷｉ‐Ｆｉが入っていた。コンセントが備え付けられたテーブルでは、ラップトップＰＣを取り出して仕事している風のビジネスマンの姿が目につく。きっと出張客も少なくないのだろう。いやむしろ、僕のような気ままな旅人の方が少数派と言えそうだ。

ロンドンへ移動するだけなら、いまは下手すると空路の方が遥かに安く上がる気がする。パリ〜ロンドン、一ユーロというＬＣＣの広告を目にしたこともある。そんな中であえて高額な鉄道を選ぶのは、時間効率を重視する人たちというわけだ。

なにせブリュッセルからロンドンまで、わずか二時間弱で着いてしまうのだ。空路だと飛行時間こそ短いが、空港まで移動して、搭乗手続きして、イミグレーションを通過してと無駄に時間を浪費してしまうことを鑑みると、列車の方が利便性に優れていると言えるだろう。

待合室が座るスペースもないほどに混み合ってきた段になって、ようやく乗車開始のアナウンスが流れた。とりあえず待機しつつ、乗る時は一斉に乗るシステムだ。流れる人波について行くと、自動的にホームに辿り着いた。切符に書かれた番号の車両を探し、乗り込む。切符の表記は英語だし、迷う要素はない。

世界に名高い高速鉄道の割には、車両自体は特筆すべき点はなさそうに感じた。いたって普通。これまで乗り継いできた各国の列車と比べても地味な印象だ。これなら、東北新幹線の「はやぶさ」とかの方がずっと先進的で、デザインもイケている。

意外だったのは、海底トンネル内でも携帯電話の電波が完璧に入ったことだ。地図を表示させると、現在地がドーバー海峡の海の上をしっかり示した。とんでもない時代になったなあと改めてしみじみする。ちなみになぜか依然としてオランダのＳＩＭが使えている。

トンネル部分に関しては、何の前触れもなくいきなり入ったという感想だ。ベルギーからフランス領を経由して、カレーから地下へ入るのだが、だだっぴろい牧草地帯にボーッと見入っていると、いきなり車窓がブラックアウトして意表を衝かれた。

海底トンネルだからといって、何かが変わるわけでもない。

無事に通り終えると、また何事もなかったかのように陸地の風景が広がった。そこはもうイギリスなのであった。

ユーロスターが到着したのは、セント・パンクラスという駅だった。ロンドン市内に複数あるターミナル駅の中でも北側に位置する。

既にブリュッセルで入国審査は終えているので、ホームから降りると何らチェックもなく、駅構内に入った。両替屋を見つけたので、さっそくポンドに替える。五〇ユーロが三五ポンドになって返ってきた。日本円で換算すると、一ポンドが一四〇円ちょっとになる。

イギリスのポンドは、以前と比べ弱くなったと聞いていた。確かに当時と比べると、割安感がある。十年前に世界一周した時には、

海峡を越え、ロンドンのセント・パンクラス駅に無事到着。

一ポンドが二〇〇円を超えていたのだ。地下鉄の初乗りが一〇〇〇円近くしたし、ロンドン郊外へお出かけしようと駅へ行ったら、一時間もない距離なのに一万円近くもして泣く泣く諦めた記憶がある。

また、以前に東京で知り合ったイギリス人旅行者が言ったこんな台詞も思い出す。

「日本は物価が安くて、毎日がバーゲンセールのようだね」

日本人としては内心忸怩《じくじ》たるものがあったが、当時はポンドを持っているだけで日本では豪遊できるような為替レートだったのだ。

だがそれも、いまは昔と言えそうだ。旅人としては、ようやくまともにこの国を旅できそうでホッとする。

セント・パンクラス駅からは地下鉄に乗り換える。まず入手したのはオイスターカードである。ロンドン市内の公共交通機関で使える、チャージ式のＩＣカード。日本でいうところのＳｕｉｃａやＰＡＳＭＯのようなものだ。改札ではそれをかざせば、中へ入ることができる。

デポジットの五ポンドを支払い、ひとまず十ポンドぶんを窓口でチャージしてもらった。都度切符を買わずに済むのは、時間のない旅行者にはありがたい。しかしオイスターカードって……牡蠣カード？　このネーミングセンスは日本人にはないものだろうなあ。まあ、それを言ったらスイカ=西瓜と突っ込まれそうだが。

地下鉄を乗り継いで到着したホテルは、白亜のマンションが立ち並ぶ閑静な住宅街の一画に位置していた。古き良き英国を思わせる瀟洒《しょうしゃ》な外観に気分が浮き立った。

考えたら、ロンドンでちゃんとしたホテルに泊まるのは初めてのことだ。最初に来た時に投じた宿は、ユースホステルのドミトリーだった。夫婦なのに個室ではなく、大部屋の二段ベッドで我慢せざるを得なかったのは、前述したようにあまりの物価高に太刀打ちできなかったからだ。

次に訪れた時には、ちょうど友人が仕事でこの街に長期滞在していて、彼が借りていた部屋に転がり込んだ。テレビCMの撮影部隊として来ていた彼は、毎日帰りが極端に遅く、家主のいない部屋を図々しくも占拠させてもらったのが懐かしい。

三度目にして遂にまともにホテルに泊まれることになったわけだが、別に経済的に余裕ができたからというわけではない。いくらポンドが安くなったとはいえ、ロンドンのホテルはやはり割高感は否めない。気楽な一人旅だし、ゲストハウスのようなところでも正直十分なのだが、実はホテルを選ばざるを得ない事情があった。

話はアムステルダムに戻る。某カメラメーカーとのタイアップ仕事の依頼が来ていた。ぜひお受けしたいが日本にいないので……と返事したところ、なんと機材を日本から送ってくれるという、うれしい提案をいただいた話は前述した。

どこで受け取るかが懸案事項だった。移動に次ぐ移動の日々の中で、確実に受け取れそうな場所を確保する必要があった。田舎街ではなく、都会がいい。スケジュールを考慮した結果、候補地に挙がったのがロンドンだったのだ。

荷物の受け取りをスムーズに行うためには、やはりそれなりのホテルに泊まっていた方が安心できる。僕は予約を入れ、送付先として、ホテルの名前や住所を日本に報せた。無事に発送が完了し、到着予定日と荷物の問い合わせ番号がメールで届いていた。それによると、明日荷物が来るという。ロンドンには二泊する予定なので、明日にはカメラをピックアップできる算段というわけだ。

チェックインの際に、念のため明日荷物が届くことを伝えておこうと思っていた。ところが僕が言うより早く、フロントの男性スタッフから逆に切り出されたのだ。

「ミスター・ヨシダ、ご伝言を預かっています。ええと、DHLからですね。到着したらこの番号に電話がほしいとのことです」

あれ、なんだろうか。何かトラブルが発生したのだろうか。突如として、不安の影が頭の中をちらつき始めた。部屋に荷物を置くと、僕は言われた番号にさっそくかけてみた。出た相手は当然英語で、僕はいささか怯みながらも拙い語学力でかろうじて状況を説明した。

「少しお待ち下さい」

二、三分の間を置いて、別の担当者が電話の向こうに現れた。

「いくつか質問があるので、メールで送らせて下さい。お荷物を迅速に税関通過させるのに必要ですので、御協力をお願いします」

うーん、なんだか分からないが、言われた通りにするしかない。僕はメールアドレスを伝え、電話を切った。ほどなくして届いたメールに書かれていた質問は、次の通りだ。

・イギリスには何月何日に到着するのか？
・イギリスを出発するのは何月何日か？
・イギリスを訪問する目的は何か？

以上三点と共に、何か疑問点があれば遠慮なくお申し付け下さい、という一文で締め括られていた。なるほど、それほど大した質問ではない。僕はそれらに簡潔に答えを記し、メールを返信したのだった。無事に物事が運ぶことを祈りつつ。

そんなやり取りをしているうちに、窓の外はすっかり薄暗くなってしまっていた。気を取り直して散策に出かける。

とりあえず向かった先は、ウェストミンスター寺院である。「ビッグ・ベン」の愛称で知られる巨大な時計台は、街を代表するランドマークと言える。

到着してまず最初にこの手のベタなスポットへ足を運ぶのは、僕の旅における必勝パターンの一つだ。いかにもという感じの景色をこの目に焼き付けると、自分がどこにいるか実感が湧いてくる。逆に言えば、その土地に確かにやってきているという手応えがほしいのだ。要するに、単なるミーハー心である。

日が落ちて、じわりじわりと空の色が濃くなっていく最高のタイミングでビッグ・ベンに到着した。いわゆるトワイライトと呼ばれる瞬間を狙い撃ちするのも、自分の旅のお約束の一つだ。完全に夜になってしまうよりも、夕景から夜景へのグラデーション的な美しさの方により心が奪われる。終わりゆく一日の最後に、後ろ髪引かれる思いで見つめる束の間の美景——。

高さ一〇〇メートル近くにも及ぶノッポな時計台は、真下から見上げていると首が痛くなりそうだ。撮影意欲を掻き立てられカメラを取り出すも、全景が収まりきらず、広角レンズに交換したほど。

ライトアップし始めたばかりの街の顔が、夜の部の始まりを人々に無言で告げる。

——今日の晩ご飯はどうしようかな。

ウットリするような美景を前にしながらも、自然と思い浮かぶのがそんな俗っぽい欲求であることに我ながら苦笑する。ひとしきり写真も撮って満足したところで、僕は街の中心部の方へと歩を進めたのだった。

一度でも来たことのある街は、おぼろげながらでも記憶の片隅に地理情報が残っていたりする。ほとんど当てずっぽうで歩いたにもかかわらず、気が付いたらピカデリーサーカスの広場に着いていた。

言わずと知れた、ロンドン最大の繁華街である。歩行者用信号が青になった瞬間、右に左にと一斉に人々が大移動するさまからは、東京で言えば渋谷の雑踏を彷彿させられる。派手なネオン看板に目がチカチカしてきた。レストランの威勢のいい呼び込みの声もあちこちから聞こえてくる。人々の歩くスピードの速さについていけない自分に気が付く。嫌でも都会を意識させられる光景なのであった。

人里離れた奥地――我が家では「プチ秘境」と呼んでいるが――を旅していると、「遠くへ来たなあ」としばしば感慨を覚えるのが常だった。けれど、こうして逆に都会すぎる場所へ来ても、また同じような感想を抱いてしまう。

――遠くへ来たなあ。

パリを出て、九日目。地中海沿いのリゾートやら、アルプスの山の中やら、目まぐるしく移り変わる世界を旅してきた。イギリスでもう何ヶ国目になるのだろう。数えてみると、九ヶ国目だった。次のアイルランドでちょうど十ヶ国になる。

長いようで短い旅だった。

終わりにはまだ少し早いはずなのに、つい感傷的になるのは、ロンドンの都会ぶりを、東京の街並みと重ね合わせてしまったせいかもしれない。

もうこの際、今晩は日本食でも行こうかな、などと考え始めた時だった。ふと見慣れた光景が目に飛び込んできた。通りの入口で一際異彩を放つ、真っ赤な鳥居——といっても日本式のものではない。両サイドには漢字の看板がひしめいている。

チャイナタウンである。

アジアから来た者としては、もどかしさを覚えるような匂いが立ち込めていた。中華もいいかもなあ、お米が食べられそうだし、などと単純なのですぐに感化される。

そして優柔不断でもあるので、いざ店選びをしようとすると、どこに入るべきかで際限なく迷ってしまう。ロンドンのチャイナタウンは、ヨーロッパでも最大規模のものだと聞いたことがある。店の数が多すぎるのだ。

通りをざっと二往復もして、気が付いたことがあった。

「All you can eat」の文言を掲げる店がどうも結構多いのだ。食べ放題という意味である。

ガラス張りの店を外から観察すると、ホテルの朝食ビュッフェのような大皿に焼きそばや春巻きが陳列されているのも見えた。

以前にロンドンへ来た時にもこの街で中華を食べた記憶があるが、食べ放題の店なんてほとんどなかった気がする。不景気の影響だろうか。空席がないほどに混雑しているのは、それら食べ放題の店ばかりなのだ。

結局、そのうちの一軒に僕は突入してみた。作り置きはなあ……という後ろ向きな気持ちがある一方で、一人でも気楽に入れるのはビュッフェスタイルの利点である。中国人のウェイトレスが注文を取りに来た。ビュッフェ以外に、個別で料理を注文することもできるのだそうだ。ビュッフェでいいですと答えると、

「飲み物は何にしますか？」

と重ねて問われた。飲み物は別料金か。せっかくなので、青島《チンタオ》ビールでも飲もうと

旅人は意図せずアジアに迷い込む。立ち込める匂いに誘惑される。

思いきや、なんと置いていないという。仕方なく、シンガポール産のタイガービールでここまでの旅の無事を祝って一人乾杯したのだった。

(15) キング・オブ・都会へ

翌朝も七時過ぎには目を覚まし、素早く行動を開始した。旅に出てからというもの、割と規則正しい生活を送れている。旅立ち前は忙しさのあまり、いつの間にか夜型のリズムになっていた。やはり早寝早起きする方が気持ちもリラックスできる。

ホテルを出て、散歩がてらパディントン駅に向かった。ちょうど通勤時間と重なったようで、駅から足早に出てくるサラリーマンに逆行する形となった。

パディントンは、昨日ベルギーから到着したセント・パンクラスと共にこの街のターミナル駅としての役割を担う。なぜここへ来たかというと、明日のアイルランド行きの切符を予約しようと思い立ったからだ。

ダブリンまでの国際フェリーが発着する、ホーリーヘッドという街までの鉄道乗車券と、国際フェリーのチケットがパックになったものが売られているという情報を、ネットで調べ見つけていた。その名も「セイルレイル」というチケットだ。普通に別々に買うよりも、料金がかなりお得になるという。

　まだ朝も早いせいか、駅の切符売り場は空いていた。

「セイルレイルのチケットは買えますか？」

と訊いてみる。

「ダブリンへ行きたいんですか？」と質問で返された。

　こちらから目的地を言わずとも通じたということは、セイルレイルはそれなりにメジャーなチケットなのだろう。ホッと一安心しながら、駅員さんが端末をパチパチ叩くのを待つ。

「――席が出てこないですね」

　ずこっ、である。そううまくはいかないらしい。

　けれど、駅員さんの表情には自信のなさが

人々の歩く速さに瞠目。うーん都会だ。写真はパディントン駅。

滲んでいるのを僕は見逃さなかった。首を傾げながら、隣の席の駅員さんに何か確認している。

「やっぱり、席が出てこないです」

そう言って眉をひそめるのだが、確たる根拠を持っていなさそうな言い方にも聞こえる。そのうえ、妙に面倒くさそうな応対で、早く次の客にならないかな、とでもいった余所余所《よそよそ》しい雰囲気。もしかしたら、この駅員さんはセイルレイルの調べ方が分からないのではないか。普通の切符ではないし……。

ふと覚えた疑念は拭えず、この後僕は別の駅で再び同じように訊いてみた。するとどうだろう。アッサリと空席があると言われたのだ。こういう直感は当たるものである。ダブリンまで四八ポンド。この国の物価を考えたら破格の値段だろうか。

とまあそんな感じで一悶着はあったものの、明日の足は無事に確保。

改めてロンドンである。

久々の訪問とあって見たい場所は尽きないのだが、真っ先に足を向けたのはノッティングヒルだった。ロンドン西部の高級住宅街として知られるが、豪勢なお宅の見学がお目当てではない。この地で開かれる市場が気になっていたのだ。

ポートベローマーケットという。いわゆる蚤《のみ》の市のようなところで、通りに沿って小さな露店が出るほか、洋服屋や雑貨屋などが軒を連ねている。言うなれば、ロンドンのおしゃれストリートである。マーケットが本格的に賑わいを見せるのは週末なのだが、平日の今日も規模は縮小されるものの、その片鱗を垣間見られる。

可愛らしい家々や、きれいに手入れされた植え込みに感心しつつ、歩を進めていくと、前方で一心不乱に写真を撮っている若い女性の姿が目に入った。オシャレな街に似つかわしい、どこか文化系の薫りを漂わせる落ち着いたファッションの彼女がカメラを向ける先に目を遣ると、そこには意外なものが——。

——なんと桜である。街路樹の枝の先がうっすらとピンクがかっているのだ。近づいて見てみると、いままさに開き立てという感じの小さな花々が視認できた。ソメイヨシノではないものの、明らかに桜の一種である。

そういえば、日本の友人からこんなメールが来ていた。

「桜がもう咲き始めてるよ。今年は開花が早いみたい」

僕たち夫婦がホストとなって毎年開催している「旅人花見」という恒例行事があるのだが、その時期を確認するメールである。例年、東京で満開になるのは早くて三月の最終週、去年は四月第一週だった。翻って今日の日付はというと、三月二十日である。にわかには信じがたいほどの早咲きだが、こうして異国の地で桜を目の当たりにすると、急に現実感が湧いてもくるのだった。

「満開までには帰ります」

この旅の間中、メールやSNSなどで日本にいる人たちにそんな戯言を吐き続けてきた。帰国の日が近づいていることをいやがうえにも意識させられたのだった。


マーケットをひとしきり見学した後、カフェで小休止とした。最早当然のように入っている無料Wi-Fiに繋ぎ、ネットでロンドン情報を物色する中で興味を覚えたのは、バッキンガム宮殿の記事だった。エリザベス女王の公邸であるかの宮殿では、衛兵の交代式が行われるのだという。それを見学するのはロンドン観光の定番コースであることぐらいはなんとなく知っていたが、見に行ったことはない。

記事には、衛兵交代式は夏季は毎日だが、冬期は見られる日にちが決まっていると書かれている。果たして今日はやっているのだろうかと、何の気なしに公式サイトを開いてみると——おっ、見事に開催日であった。開始時間は十一時半となっている。僕はiPhoneの時計を確認した。十一時。あと三十分しかない。

しばし逡巡したが、これも何かの縁だろうと納得し、その交代式を見に行くことに決めた。店を出て早足で駅へ急ぐ。バッキンガム宮殿までは地下鉄で五駅も移動しなければならなかった。

——開始と同時に見られずとも、少し遅れたっていいし。

最初のうちこそ、そんな風に暢気に構えていたのだが、いざ行くと決めると、やはり一分でも早く現場に辿り着きたいのも本音で、だんだん気が急《せ》いてくる。けれど、こういう時に限って電車はなかなかやってこないものだ。ホームで待ちぼうけを食らっているうちに、刻一刻と開始の時間が近づいてくる。

さらには、次の電車の行き先が変更になったとアナウンスが流れたのを聞いて、僕はどよんとした気持ちになった。このホームから出る電車は、途中駅で分岐する。その分岐で、バッキンガム宮殿ではない方向に進路を取るという。

ダメだこりゃ……諦めかけたその時だった。

行き先表示の横に出ている時刻を見て、僕はハッとさせられた。

十時二十分——えっ。

繰り返しになるが、衛兵交代式は十一時半からだ。ノッティングヒルで行くと決めた時点で、開始まで三十分を切っていた。

再びｉＰｈｏｎｅの時計を見ると、十一時二十分と表示されている。ｉＰｈｏｎｅの方が一時間進んでいる。

まさか――ここでようやく状況を把握する。そのまさかだった。時差があるのだ。ベルギーまでのヨーロッパ諸国では、時差はなく、時計をいじる機会はなかった。ところが、イギリスだけは一時間遅いのだ。

ｉＰｈｏｎｅの時計は自動設定が可能だが、その場合、バックグラウンドで通信を行う。転送容量や無駄な電池消費を抑えるために、僕はいつも手動で都度設定していたのだが、それがアダになった。

あまりにも初歩的なミスである。昨日イギリスに到着してからいまこの瞬間までずっと、僕は一時間ずれたままで行動していたらしい。やってしまったとはこのことだ。

しかしながら、そのお陰で肝心の交代式には余裕で間に合ったのは怪我の功名と言えるだろうか。

バッキンガム宮殿は、とんでもない人出だった。僕は結局始まる二十分以上前に到着したのだが、その時点でも最前列はまったく空きスペースがないほどに見物客でごった返していた。これはぎりぎりに来たり、ましてや遅刻しようものなら完全にアウトだろう。とんまなミスを犯しつつも、結果オーライなのであった。

交代式自体は、予想の範疇を超えたものではなかった。ブラスバンドの音と共に、お揃いの制服に身を包んだ衛兵たちが行進してくる。一糸乱れぬ隊列の威風堂々としたさまに、沿道から歓声が上がり、一斉にシャッターが切られる。

ロンドンの衛兵といえば、真っ赤な制服のイメージがある。街のシンボルとも言える二階建てバスと同じ赤色。けれどこの日の衛兵たちの制服は鼠色だった。調べたところ、どうやら赤色は夏服なのだそうだ。鼠色だとどうしても地味に映るが、それは観光客目線の都合のいい感想と言えるだろうか。

衛兵よりも僕がむしろ気になったのは、警備にあたっている警察官たちだった。馬に乗って巡回しているのだ。騎馬隊である。しかも多くが女性なのを見て二度驚いた。馬に乗っていない警察官も、頭に個性的なとんがり帽を被っていて、英国らしい格式の高さを醸し出している。

一見すると近寄りがたいオーラを感じるが、実は警察官たちはかなり気さくなようだった。声をかけて一緒に記念写真を撮らせてもらっている観光客でなんと順番待ちができていて、警察官たちも満更ではない表情を浮かべていたのが印象的だ。

ロンドン市内の移動には主に地下鉄を利用していた。昨日到着時に購入したオイスターカードが大活躍である。

外国にいると、ただ地下鉄に乗るだけの行為が貴重な体験に早変わりする。

たとえばホームへ降りるエスカレーターに乗っていると、隣を忙しなく追い越していく人たちが多いことに目を瞬かせる。日本の地下鉄駅では日常的に見られる光景だが、逆に言えば日本以外の国々では案外これは珍しい。それだけロンドンが都会ということなのだろうと僕は感じ入ったのだ。

ホームで電車が来るのを待っていると、どこか懐かしい匂いが鼻孔をついた。ふと目線を送って、理由が判明する。マクドナルドの紙袋である。公衆の面前であろうがお構いなしにポテトを食べている人の姿が目につく。それも、一人や二人じゃなく、十人ぐらいはいそうなのに度肝を抜かれた。

ほかには、新聞を広げている人たちもやけに多い。手に持っている新聞がみな同じであ

ニコニコ顔で記念撮影に応じる。これぐらいゆるい方がいいよね。

ることにも驚かされる。駅の入口付近で新聞を配っている人がいるのだ。チラシを配るかの如く、通行人に手当たり次第に渡していたから、あれは無料なのだろう。新しいビジネスモデルかもしれない、などと下世話な興味が募る。

また、真剣な表情で路線図を見つめる人たちも、ロンドンの地下鉄ではお馴染みの光景のようだった。僕のような海外からの旅行者だけでなく、地方からやってきたイギリス人も多そうだ。確かに路線網は東京のように複雑に入り組んでいて、初心者には難解だと感じる。

周囲の観察に余念がないのは、見知らぬ異国の地にいるからだ。目にするものすべてが新鮮で、不自然なほどにキョロキョロしてしまう。それら些細な発見こそが、僕にとっては何よりもおもしろいのだ。

観察を重ねるうちに、やがて自分の中で一つの結論が導き出される。

それは——ロンドン、都会だなあということ。

これまでも都市部に着いた時にたびたび味わった、お上りさんの心境である。それも、チューリッヒやフランクフルトあたりと比べても都会度はグッと上だ。

なにせロンドンなのだ。東京やニューヨークと並ぶ、世界の中心都市の一つ。そんじょそこらの都会とはレベルが違う。都会の中の都会。言うなれば、キング・オブ・都会である。

ロンドンに来て物欲に火が付いたのは、都会ぶりに刺激されてのことだった。街ゆく人たちがみなオシャレなのを見て、なんだか悔しくなったのだ。つくづく影響されやすいタイプである。

買い物の舞台に選んだのは、オックスフォード・ストリートである。ブティックなどが立ち並び、銀座のような賑わいを見せている大通りだ。

買い物といっても、洋服にお金を使うぐらいなら旅の費用に充てたい旅人としては、高級ブランドは端から眼中にない。目指したのはここでもファストファッションである。ロンドンには、とりわけ多くのブランドが出店していると聞いていたが、それは事実のようだった。オックスフォード・ストリートを流していると、目立つのは高級ブランドよりもそういったファストファッションばかりなのだ。

ドイツで下着類を買い漁ったPRIMARKの巨大店舗や、NEXTというカジュアル系のお店など、手当たり次第に物色していく。ここではユニクロも派手な看板と共に店を出している。これだけファストファッションが流行っているのは、やはりポンドが弱くなっていることとも無縁ではないのかもしれない。

安いのは何よりもありがたい。もうすぐ旅も終わりだと思うと、財布の紐もゆるみがちである。ここまでお土産らしいお土産はほとんど何も買っていない。

日本でも人気のキャス・キッドソンを見つけたので、奥さんへのお土産なども調達した。

気が付いた時には、両手に紙袋がどっさり。ほくほく顔で僕はホテルへの帰路についたのであった。

都会は散財すればするほど楽しい。これは一面では事実だと思う。

そんなことを言って自分を正当化する僕は、結局のところ都会っ子なのだろうなあ。ストイックに生きるなんて柄ではないよなあ、などという考えが頭を過ったロンドンなのであった。

(16) ノマドは旅先で一喜一憂する

旅は予期せぬ事態の連続である。想像だにしないところに陥穽《かんせい》が潜んでいる。それゆえ、確実性が求められる類いのものを旅に持ち込むのは、できれば避けた方がいい。そのことを改めて痛感させられる、衝撃的な事態が待ち受けていたのだ。

ロンドン滞在中、僕には心懸かりがあっ

極度乾燥（しなさい）。渡欧中、ロンドン以外でも見かけたが……。

た。そう、例のカメラの一件である。心ゆくまで買い物を満喫し、宿に戻ってきた時には既に日が暮れ始めていた。

——そろそろ到着しているかな。

期待を胸にフロントに立ち寄ったのだが、スタッフの男性は首を振った。

「いえ、とくにそういったものはお預かりしていませんが」

荷物が届いていないかを訊ねると、返ってきた答えは無情にもそんな台詞だった。あれ、おかしいなあと、僕は部屋に戻ってＤＨＬのサイトを開いた。問い合わせ番号から、荷物の状況を確認するためだ。

そして、画面に表示された内容を見て絶句した。

日本の税関を通過し、東京を航空便で出発したことは記録されていた。しかしその先には何も書かれていないのだ。これを信じる限りでは、まだこちらの空港にすら到着していないことになる。

予定では今日このホテルに到着するはずなのだ。そして明日には僕はロンドンを発ち、ダブリンへ移動してしまう。万が一、明日の出発までに届かなかったら……突如として不安の種が芽吹き始める。

近所のレストランで食事を取っている時も気が気でなかった。つい何度もＤＨＬのサイトをリロードしてしまうが、新しい情報は一向に表示されない。食べ終わって再び宿に戻り、シャワーを浴びて、荷物のパッキングをしながら確認を繰り返すも、やはり履歴は東京を出発したままだった。

サイトの荷物状況が遂に更新されたのは、いよいよ寝床につこうかという段になってのことだった。やっと！　と色めき立ったが、その内容を見て落胆に変わった。

飛行機は到着したらしい。しかし着いた先は、ここロンドンではなく、聞き慣れない名前の都市だったのだ。調べてみるとドイツの街のようで、ＤＨＬの欧州内の拠点だと分かった。

——終わった。

これからさらに別の航空便に振り分けてロンドンまで運ぶのだろう。ロンドンの空港に着いてもきっと税関などもあるだろうし、市内のホテルに届くまでには少なく見積もっても相当な時間を要しそうだ。

気落ちしないではいられなかった。写真好きとしてはカメラを触ること自体を楽しみにしていたのもあるが、冷静に考えたらこれはれっきとした仕事なのである。受け取れなかったら、日本には困る人たちがいる。

ありのままの状況を書いて、担当者にメールを送った。電話で相談したいところだが、日本とは半日の時差があり、向こうはまだ早朝だ。

不安を抱えながらだからか、熟睡はできなかった。翌朝、目が覚めてすぐに荷物の状況をチェックすると、依然としてドイツの都市に着いたところから更新が止まっていた。

寝る前に送ったメールの返事も来ていた。

「残念ですが、仕方ないので出発していただいて構いません」

気遣いを感じさせる清々しい文面を見て、落涙しそうになった。会ったこともない、どこの馬の骨とも知れぬ僕のために、ここまで融通を利かせてくれたのだ。自分のせいではないとはいえ、募るのは申し訳なさだけだった。

買ってあったセイルレイル・チケットには、船の出港時刻が記されている。十四時十分にイギリス北部のホーリーヘッド港発だ。それに乗るためには、ロンドンを午前中には発たなければならなかった。

仮に、それを逃すとどうなるか——。フェリーを運航する会社のサイトで確認すると、夕方五時十五分発にも便があるようだった。その船ならば、ロンドンを昼過ぎに出ても間に合いそうではある。

僕は逡巡した。船の便を遅らせるのは仕方ない。けれど、購入済みの切符はどうなるのだろう。買い直しになったら、無駄な出費が生じる。そもそも、昼頃まで粘ったとしても、荷物が届く保証はない。というより、状況からして間に合う見込みは限りなく薄いと言わざるを得ない。

迷いに迷った挙げ句、僕は待つことに決めた。たとえ切符が買い直しになったとしても、損失額なんて高が知れている。僕を信じて骨を折ってくれた人たちに少しでも報いるためにも、ここは待つ責任があるのではないか、などと柄にもなく殊勝なことを考えたのであった。

それから数時間が経過した。これ以上は待てないぎりぎりの時間までホテルで待機していたが、結局最後まで荷物が届くことはなかった。

振り返ると、今回はトラブル続きの旅だった。時差を忘れるなどの大ボケから、スリ未遂事件まで、数え切れない困難に直面してきた。天候もあまり味方してくれず、楽しみにしていたお祭りを逃すという情けないオチもついた。けれどそれらは、後で振り返ると話のネタになるような些細な躓きにすぎない。

翻って、カメラの一件は痛恨と言うほかない。結果オーライと笑って済ませられない大チョンボである。やはり、旅に仕事を持ち込むのは危ういということか。僕にとって一つの教訓となる事件なのであった。

担当者にお詫びのメールを入れ、僕は駅へ向かった。この旅で最大とも言える諦念を抱えながら。足取りはとても重かった。

話はそれで終わりではなかった。次なる壁が立ちはだかったのだ。

ダメ元でチケットを提示し、次の便に変更できないかを訊いてみると、駅員さんはそれを一瞥して眉根を寄せた。

「……パトリックデーだからねえ」

明日はアイルランド最大の祝日なのだ。だからいまさら席が取れるものか——言外にそんなニュアンスが含まれていることは鈍感な僕でも理解する。なにせ、そのお祭りを見に行く身である。

「やっぱり満席ですね。ただ、直接港まで行ってみれば、もしかしたら乗れる可能性もあると思います。確証はないですが」

駅員さんはそう言った。しきりに「may」という単語を使っていたのが印象的だった。断言できない、ということなのだろう。

いやはや、雲行きが怪しくなってきたのである。これでアイルランドに行けない事態になったら、もう目も当てられない。

確証はないのに移動するには、港町まではかなりの距離がある。イギリスの北端、辺境の地である。でも、僕はもう行くしかなかった。駅員さんは、切符上の列車区間はとくに便指定はないので、どの列車に乗ってもいいと付け加えた。教えられた列車に乗り込み、ひとまず僕は港を目指すことにしたのだった。

まずはチェスターというイギリス北西部の街まで特急列車で移動する。先頭車両が鳥のようなペインティングの、なかなか絵になる列車だった。デザイン的には、ユーロスターよりも洗練されている感じだ。車体にはヴァージン社のロゴがあしらわれている。民間の列車なのかもしれない。

ひとつ特筆しておくと、僕が乗った車両には「Quiet Zone」の注意書きが出ていた。静かに過ごしたい人向けに、車両が区別されているのだ。たとえば携帯電話の使用などは禁じられている。同行者とぺちゃくちゃお喋りするのも、きっとタブーなのだろう。

実際、車内はひっそりと静まり返っていた。自分の世界に浸りたい孤独な旅人にはありがたいシステムだが、乗客どうしの触れ合いが生まれにくい環境は賛否両論あるかもしれない。

ロンドンを出てから約二時間でチェスターに到着した。車窓から眺める限りでは、何もなさそうな街に見える。高いビルなどもなく、赤煉瓦造りの可愛らしい家々が素朴さを演出している。

ここからはローカル線に乗り換えることになる。到着したのと同じホームに、三車両ほどの短い列車がやってきた。折り返し運転をしているようで、乗客が完全に降りきったところで一斉に乗り込む。地元の高校生といった感じの若者たちが多いのは、日本を列車で旅して田舎街へ行ったときと同じ感覚だ。

座席の半分も埋まっていない鄙《ひな》びたローカル列車に乗っていると、先ほどまで都会であくせくしていた自分が馬鹿らしくもなってくる。車窓には草原の風景がどこまでも続いていた。草を食《は》む羊の集団を見て、何度も目を細めた。尖っていた心がどんどん丸くなっていく。優しげな、とても優しげな光景だった。

——なるようになるさ。

僕は気持ちを切り替えた。荷物が届かなかったのは仕方のないことだ。そのせいで、ざらついた心境で旅と向き合うのは違う気がする。港に着いて、もし船に乗れなかったとしても、その時はその時だ。辺境の港町に泊ってみるのも、それはそれで愉快なことは何かしらあるだろう。成り行きまかせの旅なの

今回の旅で乗り比べた列車の中でも最も奇抜なデザインかも。

である。

逆境の時こそ、前向きに考えた方がうまくいく。

目的地のホーリーヘッドは終点駅だった。イギリス北西部の、海に突き出た半島の先っぽである。これ以上先には陸地がない。海を越えた先はアイルランドだ。

あらかたの乗客は途中駅で降りていった。終点まで一緒だったのは、数えるばかりの乗客だけである。アイルランド最大の祝日だからと心配していたが、どうやら杞憂だったようだ。

肝心の港はというと、駅に直結で、歩いて一分で辿り着いた。

切符売り場では若い女性スタッフが暇そうにスマホをいじっていた。持っていたセイルレイル・チケットを見せ、次の便に変更できるか訊いてみると——。

——女性は力強く頷いた。なんと、大丈夫らしい。

その答えを聞いて、僕は心底ホッとした。心の支《つか》えが取れた気分だった。

切符売り場の女性はむしろ、なんでそんなことを訊くのだろうこいつは、という不審顔だった。変更というより、その切符のまま乗っていいとのこと。便名や出港時間まで刻印されている切符なのに……。

港の建物は近代的で真新しいものの、非常に閑散としていた。外に出ると駐車場が見えたが、停まっている車の数より空きスペースの方が遥かに多い。

国際港らしからぬ、あまりにのんびりした雰囲気に僕は呆気にとられた。少しずつ乗客が集まってきて、いざ乗船が開始された頃にはそれなりに列もできたが、飛行機の搭乗待ちと比べるべくもないほど小規模なものだ。

出国審査はなかった。アメリカもそうだが、この国も妙に厳しいのは入国審査だけだ。去る者は追わず、な方針なのだろう。入口でパスポートを提示させられ、一瞬ギョッとしたが、別にイミグレーションではない。

「名前はどれですか?」

と訊かれ、教えるとそれを端末に入力していた。船会社が乗客名簿を作成するのに確認しているだけのことであった。

港からはバスで船まで連れられていく。接岸している船尾部分から、乗用車が吸い込まれるようにして中へ入っていくさまから推察するに、どちらかと言えば車ごと渡海する人の方が多そうだった。

心配する必要はまったくなかったと悟ったのは、客室フロアに上がって広々とした空間を目の当たりにした時だった。そこかしこにテーブルやソファが設えられているが、座席番号を指定されているわけではない。各自が空いている席に適当に座るスタイル。乗客の人数からするとずいぶんスカスカな印象も受ける。

想像していた以上に大型の船だったのだ。これなら、乗り切れないなんてことはまずなさそうなのだ。

予定時刻を待たずに船が動き始めたのには戸惑った。まず大丈夫だろうけど、念のためチェーンロックでカバンを椅子にひっかけ、僕は外に出てみた。

船尾に設けられた展望デッキは風がめちゃくちゃ強く、うっかりしていると吹き飛ばされそうなほどだった。喫煙スペースにオジサンが数人いる程度で、わざわざ景色を見に来るような酔狂な客は僕ぐらいのようだ。

陸地がどんどん小さくなっていく。

——バイバイ。

見送ってくれる人などいるわけもないのだ

船内はご覧の通り。寝入る人、ラグビー中継に熱狂する人などなど。

けれど、僕は誰にともなくつぶやいた。

イギリスが遠くなっていく。

(17) 我慢強い人たちと

英語圏のはずである。ところが別の言語圏へ来たような戸惑いがあった。

船が到着し、港の入国審査で受けた質問からして頭に「?」マークが浮かんだ。

「パードン?」と訊き直し、耳を澄ませて聞き取って初めて、この国に何日滞在するのかを問われただけと理解した。

——これがアイリッシュ・イングリッシュというやつか。

訛りがきついのだろうか。単語の用法が微妙に違う気もする。イギリス人も早口だったけど、まだなんとかついていけた。アイルランド、おそるべしである。

突如立ちはだかった言葉の壁に狼狽気味の僕とは裏腹に、アイルランド人はどうやらお喋り好きな人たちのようだった。事あるごとに、用件とは無関係の世間話を振ってくるのだ。

たとえば港から乗ったバスでは、運賃を訊いたら運転手に根掘り葉掘り質問された。

「どこから来たの?　日本人?」

その後乗り換えたタクシーの運転手も饒舌で、到着するまでぺちゃくちゃ喋り続けた。訊いてもいないのに、観光ガイド顔負けの説明トークを繰り広げるのだ。

「この公園はとても大きいんだ。あそこの博物館もぜひ観た方がいいよ」

言葉は分かりづらいながらも、親切心でそうして話してくれているのは伝わってくる。正直なところ話の半分も意味が理解できなかったけれど、僕はとりあえず笑顔でウンウン頷いていたのだった。

それにしても、これまでにはなかったノリだと思った。ほかのヨーロッパ諸国ではあまり見られない気さくさ、とでも言おうか。どこかアジアの旅を回想させられる。インドあたりを旅していると、この種の旅人を放っておいてくれない感じに、時には気疲れもするものだが、北半球の島国で味わうのは新鮮味こそあれ不快さはない。

加えて、愚直な人たちなんだろうなあ、という感想も持った。仕事に対する真面目さを失っていないというか、肝心なところでの線引きは保っているというか。馬鹿話をしながらも、やるべきことは確実にこなすというか。単にゆるいだけのアジアとはこの点は少し違うかもしれない。

宿泊している宿からして、その典型例のようだった。

ダブリンでは、B&Bに予約を入れていた。祭りを控えた超ピークシーズンにもかかわらず手配するのが出遅れたせいで、市内のホテルは軒並み満室状態だった。B&Bをネットで調べ、手当たり次第にメールを送ってようやく見つけたところだった。

民家を改装したようなこぢんまりとした宿だった。雑誌の記事で紹介するとしたら、「家庭的な宿」などというベタな形容が付きそうなところだ。チェックインをすると、フロントにいた男性が部屋まで案内してくれた。

「ここが朝食会場です。朝食は七時から十時まで……」

といった具合に建物内の説明を交えながら部屋まで連れて行ってくれるのは、日本の旅館のようでもある。必要事項はきっちりレクチャーしながらも、マニュアル通りの対応というわけでもない。祭りについていくつか質問をすると、よくぞ訊いてくれましたという感じで長広舌が返ってきたりもするのだが、仕事ぶりはあくまでも丁寧で生真面目な印象なのだ。

一括りにはできないことを承知のうえであえて喩えるなら、アイルランドの印象は「田舎っぽい」という言葉が最も近いだろうか。都会的なギラギラした雰囲気がない。素朴、と言い換えてもいいかもしれない。

荷解きをしてダブリンの街を散策してみると、そのことをさらにひしひしと実感する。お祭り前夜ということもあって、街は既に華やいだムードに包まれていた。

街一番の目抜き通りという、グラフトンストリートを流してみる。マクドナルドやスニーカーの店などが左右に立ち並び、渋谷のセンター街のようなところだが、一国の首都の目抜き通りにしては規模はそれほど大きくない。

そんな中、お揃いの海賊ハットのような帽子――祭りの風物詩らしい――を被った若者たちが、往来を行き来している。彼らの表情はみな晴れやかで、早くも酔いが回っているのか顔を紅潮させている者も多いが、それでもまだ大人しさがある。

アムステルダムのように奇声を上げる者はいないし、モスクワのように酔って通行人に絡んだりする者も見かけない。非日常を控えめに謳歌している。完全には羽目を外しきれていない。そんな風に僕の目には映ったのだった。

食事を取りに入ったステーキハウスは、客の大半がせいぜい二十代ぐらいの若者たちだった。若者たちの溜まり場のような店だ。

広い店内が九割方埋まり、店員さんはとても忙しそうだが、愛想は忘れていない。注文を取りに来た女性の英語が例によってサッパリで、なんとか指差しでビールを頼んだのだが、嫌な顔一つせずニッコリ笑ってすぐに持ってきてくれた。その帰りに別のテーブルから呼び止められ、カメラのシャッターを押してあげている。

「スリー、ツー、ワン……」

とカウントダウンをしながら、何かジョークを織り交ぜたらしく、ドッと笑い声が起きていた。日本のファミレスとかのバイト店員ではこういう芸当はきっとできないだろう。つい目を細めてしまう、平和そうな光景である。

都会のようでいて、人と人との距離感がそこまで遠くない。アイルランド、いい国だなあと早くもかなりの好印象を僕は抱いたのだ。これは明日の祭りも期待できそうである。


悪夢は繰り返すものらしい。朝、目が覚めた時、聞き慣れた音が耳朶を打った。

まさか——と戦慄しながらカーテンを開けて、絶句する。

雨である。夢でも幻でもない。雨である。

旅の始まりをニースのカーニバルで盛り上げ、締めくくりをダブリンのセントパトリックデーで華々しく飾る。我ながらなんてナイス・アイデアなんだろうと出発前は自画自賛していたのだ。すべては天候さえ良ければ、という条件付きなのであった。

脳裏を過ったのは、ニースのカーニバルが雨で流れ悲嘆したあの記憶だった。再びたちこめた暗雲に、僕は自分のあまりの不遇ぶりを呪わざるを得なかった。

ビュッフェでもないのに、食べきれないほどのボリュームが出てきた朝食を取りながらも、僕は気が気でなかった。ソーセージやベーコン、ポテトなどの火の通った付け合わせに、卵料理とトースト。アイリッシュ・ブレックファストと言うらしい。

朝食会場に居合わせたほかの宿泊客もみな、祭り目当てで訪れたであろう外国人観光客のようだった。各所から聞こえてくるのは、天候を嘆く声ばかりだ。

「まだそれほど大降りではないし」

「午後になれば晴れるわよ」

そんな囁きをBGMに、一人ナイフをきこきこしながら、昨日のうちに入手していた祭りのパンフレットを眺める。メインのパレードの出発は正午予定となっていて、その前にも有志による前座行進が行われるらしい。

念のため中にヒートテックを着込み、持っている中で最大限に暖かい格好をして僕は宿を出た。宿のスタッフは、「雨が降ってもきっとやりますよ」と楽観的観測を口にしていたが、早々に自分の目で現場を確認したい。

お祭り会場へ向かうのに、折り畳み傘を広げながらというのは、どうしてもテンションが上がらなかった。空はどんよりと厚い雲に被われている。せめてこの雨だけでも上がってほしい——。僕は心の中で何度も雨が上がることを祈った。

ところが会場が近づくにつれ、重かった足取りがどんどん軽くなっていった。

この天候からは想像できないほどに、街はざわついていた。会場へ向かう人波と、それを出迎え通りで声を上げる露天商で大賑わいだ。人々は雨なんて意にも介していない様子で、完全にお祭りモードなのだ。

――フランス人とは違うよね。

失礼ながら思ったのはそんなことだった。雨が降ろうが、お祭りは諦めない。やはりアイルランド人は愚直なのだ。

道端で風船を配っていて、なんの気なしに一つもらった。それをぶらぶらさせながら歩いていくと、仮装した女性たちにフェイス・ペインティングをしないかと声をかけられた。通りに並べられた椅子で、即席のお祭り顔へと塗り塗りされている人たちを見て、心の支えが取れていく。

セントパトリックデーは、アイルランドの聖人パトリックの命日を祝うもの。その最大の特徴とも言えるのが、同国のシンボルカラーである緑色に街全体が染まる点だ。アイル

「雨？　そういえば降ってるね」とでもいった感じの前向き思考。

ランド人は他国への移民も多い。国内に限らず、この日は全世界的に祭りが開かれ、やはり同様に緑色に包まれる。いわば、「緑の祭り」なのである。

本当におもしろいほどに、あらゆるものが緑色だ。

昨晩も見かけた、みんなが被っている海賊ハット風の帽子は緑色だし、TシャツやマントなどAは各々のコーディネートに緑色をふんだんに取り入れている。フェイス・ペインティングが緑色なのは言うまでもない。縁日でも緑色の各種グッズが山積みになっている。祝日ということで、飲食店や一部の土産物屋以外はシャッターが下りているが、ショーウィンドウは鮮やかなグリーン一色という店も多い。

右も左も緑、緑、緑なのである。視界のどこかに必ず緑色が存在している。写真を撮るにも、緑色のない風景を写すのはむしろ困難なほど。

郷に入っては郷に従えである。お祭りごとには遠慮なく便乗するのが吉と出る。

僕も自分なりに、緑色を取り入れてみた。フランクフルトで買い足した際に、この日のためにと緑一色の派手な靴下を買ってあったのだ。もっとはしゃいで全身を緑色で固めてもいいぐらいだが、一人旅だとこれが精一杯。

本音を言えば、できれば夫婦で来たかった。うちの奥さんは超が付くほどの祭り好きなのだ。本人も悔しがっていたが、これればかりはいまさらどうにもならない。

せめて写真だけでもたっぷり撮って、帰ったら自慢しようと僕は撮影ポイントを探し歩いた。しかし、カーブした道の先や、見晴らしのいい橋のたもとなど、見るからにパレードの決定的瞬間を狙えそうな絶好のスポットは、早くも先客たちで埋め尽くされていた。大きな一眼レフを抱え、三脚を立てて報道カメラマンばりの重装備で準備を済ませているカメラ小僧がやたらと多い。

開始までまだ二時間近くもある。しかも雨が降っている。それでも写真に情熱を注ぐ者たちからすれば、そんなの朝飯前なのだろう。同じ写真好きとしては、至極納得のいく行動に思えた。祭り写真は場所取りが命なのだ。

一級の撮影スポットこそ彼らに譲ったが、準一級レベルのロケーションでわずかな隙間を見つけ、僕はすかさずススス ッと入り込んだ。望遠レンズで被写体を絞り込めば、背景にアンティークな街並みも写し込めそうな、まずまずのポジションだ。

僕の隣でバズーカのような巨大レンズを向けていた男性が、柵の向こうを通りかかった警備員に声をかけ、何かを言った。すると警備員は仕方ないなあといった様子で、柵をクイッと引っ張ってスペースを広げてくれるという心憎い一幕もあった。図々しく主張した方がいいということか。

とりあえずは場所を確保し、ホッと人心地ついたが、それからが長かった。なにせ二時間近くも待たなければならないのだ。時間が経つにつれ観衆は増え続け、いつしか僕の後ろにも数メートルの人だかりができていた。移動してしまったら、二度と戻れない雰囲気なので、迂闊にトイレにもいけない。

おまけに寒さが一層厳しさを増してきた。確実に氷点下ぐらいの気温にはなっているだろう。雨足が途切れず、地面は水溜まりと化している。ニースで買ったフランス製の靴底にも浸水が始まり、緑色の靴下の中の足が氷のように冷たくなってきた。

そして、極めつけとも言える難事が降りかかる。

予定の開始時刻を過ぎても、パレードは一向に始まる気配を見せなかった。いつまで待たなければならないのだろう。あまりの寒さにいまにも挫《くじ》けそうなその時だった。冷たさの元凶であった憎き雨が、いつの間にか止んでいた。その代わりに、なんと降ってきたのだ。

雪である。

僕は天を仰いだ。最初はちらほら舞うように降ってきたそれが、吹雪に変わるのに時間はかからなかった。濡れた足元がキリキリ凍り付いていく。大げさかもしれないが、凍傷になってもおかしくないレベルに思えた。

もういっそのこと諦めてしまおうと、考えなかったと言ったら嘘になる。自慢にはならないが、堪え性のないタイプだ。いつ始まるとも知れないパレードを、これ以上待つにはあまりにも辛い。

しかし、そんな状況なのに、沿道で一緒に開始を待つ人々は微動だにしなかった。寒いのは誰しも同じはずだが、みなグッと耐えている。パレードがやってくるであろう道の先を一心不乱に見つめ続けている。

この国の歴史を繙《ひもと》くと、忍耐の連続だったことが分かる。正式にイギリス連邦から脱退し共和国としての道を歩み始めたのは、第二次大戦後のことである。それまでも何度も独立の機運に恵まれながらも、当時の宗主国イギリスは弾圧を続け、彼らの自由が認められるまでに何十年もの歳月がかかった。

そんな悲運の歴史エピソードを、積雪が始まった極寒の沿道でじっと堪え忍ぶ人々の姿につい重ね合わせてしまうのだった。この祭りはアイルランド人にとって誇りであり、何よりも優先すべき特別な存在なのだろう。雨が降ろうが雪が降ろうが、彼らはそれが始まるのを黙って待つ。そして雨が降ろうが、雪が降ろうが決して中止することなく開催に至るのである。

道の遠く先から最初の山車《だし》が現れた瞬間は、震えるような感慨があった。緑色を基調とした華やかな仮装服に身を包み、楽器を打ち鳴らしながらゆっくりと着実に一歩ずつ行進してくる人々。そしてそれに応える大歓声。

パレードには世界各地の国旗がはためいていた。この日のために移民先から一時帰国したアイリッシュも少なくないのだろう。ゾウやヒョウの着ぐるみを被った南アフリカや、極寒をものともせずに肌色面積率九割のセクシー衣装で激しいサンバを繰り広げるブラジルなど、チームごとに趣向が凝らしてあって、見ていて飽きない。

感動、興奮、熱狂——稚拙な言葉では言い表し得ない様々な感情が会場に渦巻いていた。もちろん、それらはポジティブなものである。

僕は夢中でシャッターを切った。気が付いた頃には雪は止んでいた。寒さのことなどすっかり忘れていた。

始まるのも唐突だったが、終わりはもっとアッサリしていた。

前触れのない幕引きだった。これ以上パレードがやってこないのを見届け、いまのが最後のチームだったのだと納得する。さあ終わった、終わったといった雰囲気で、沿道にぎっしり詰まっていた観衆たちも三々五々解散していく。

時計を見て、約二時間もの長いパレードだったことを知る。その前にさらに二時間近くも最前列で待機していたから、計四時間もの長丁場をこの寒さの中で過ごしたことになる。終わった——なかば放心状態で僕はその場にしばし佇立した。

すると、足元に見慣れた紺色の傘が落ちているのに気付いた。いつの間にか落としていたらしい。水溜まりにポチャリと浸かったそれを拾い上げた瞬間、改めてパレードが終了したのだと実感し、胸に込み上げるものがあった。

(18) パブに始まり、パブに終わる

パレード終了後のダブリンは、夜遅くまでその興奮が冷める気配はなかった。雪こそ止んだものの、長時間外にいるには耐え難い寒さであることは変わらない。けれど、街全体に漂う余熱が、人々をいつまでも外に引き留めているようにも見えるのだった。

パブストリートという、飲み屋が立ち並ぶ一画では、緑色に着飾ったままの男女が通り沿いのオープンテラスで乾杯を繰り返す光景

ニースでの借りをダブリンで返す！　来て良かったの一言に尽きる。

が繰り広げられている。せめて室内で飲めばいいものを……などと苦言を呈するのは余計なお節介というやつだ。

この日一日で、街全体でいったい何リットルのビールを消費したのだろうか。それはきっと途方もない量に上るだろう。

もちろん、僕自身がささやかながら貢献したことは言うまでもない。

心底驚いたのは、ビールまでもが緑色だったことだ。

「グリーンにしますか？」

ハイネケンを注文すると、そんな突飛な質問が返ってきた。訳の分からないままイエスと答えたら、緑色のビールが出てきたのだ。

「お菓子などで使うのと同じ着色料を入れています」

どうやって色を付けているのか尋ねると、長々と種明かしをしてくれたのだが、例によって半分ぐらいしか彼らの英語が理解できない。要約すると、つまりはそういうことのようだった。

もう一つ、忘れてはならないのはギネスビールだろう。

日本でも人気の黒ビールは、ここアイルランド生まれである。創業は十八世紀というから、日本は江戸時代。いまなお広く愛される黒ビールを本場で味わえるのは、酒飲みには堪らないこの国の魅力の一つと言えるだろう。

ダブリン滞在中は、パブを何軒もはしごして飲み歩いたのだが、僕はどの店でも必ず一杯目はギネスを注文した。かけつけ一杯、ギネスである。

見るからに美しいビールだと感じた。バーテンがサーバーからグラスに注ぐ一連の動作からして、もう芸術の域なのだ。普通のビールのように一気に注ぐのではなく、途中までグラスに入れたところでいったん小休止する。目の前で待つ客としては、少々焦れったい気持ちにもなるのだが、これこそが本場の流儀なのだろう。

そうして出来上がった黒々とした液体とクリーミーな泡立ちのコントラストが、かけがえのないものに思えてくる。最初の一口がもたらす幸福感といったら！　こうして文章に書き記すだけでもう相当にテンションが上がる。

そんなギネスを堪能できるパブという文化も、とても興味深いものだった。

アイルランドと言えばパブのイメージが根強い。というより、僕にはパブのイメージぐらいしか思いつかなかったのが正直なところだ。

しかしいざ訪れてみると、それは偏見ではなかったと悟ることになる。もうそこらじゅうパブだらけなのである。基本はセルフサービスで明朗会計なので、一人旅でも気兼ねなく飲めるのが何より素晴らしい。ちなみにギネスは一パイントで五ユーロ程度と、物価が高めのアイルランドとしては手頃な値段であることも書き加えておく。

さらに特筆したいのは、パブにはフリーＷｉ‐Ｆｉが完備されている点。少なくとも、僕が訪れたすべてのパブに設置されていた。

ほかの国なら、ちょっとお茶でもしながらネットを見ようとなるところを、アイルランドではそのお茶がビールに替わるというワケだ。酒好きのネット中毒者としては、ついついフラッと立ち寄ってしまうのも仕方ない。

オランダで買って、ロンドンまでは騙し騙し使えていたｉＰｈｏｎｅのＳＩＭも、ここダブリンに来て以来まったくネットに接続できなくなっていた。祭日のせいで携帯ショップもやっておらず、新たにアイルランドのＳＩＭを買うのは難しそうだった。それゆえ、僕はネットをしたい時にはパブに立ち寄るという作戦を展開したのだった。

パブに始まり、パブに終わる——アイルランドの旅を一言で表すなら、そんな言葉がふさわしいだろう。

要するに、アイルランドでもやはり僕は酒ばかり飲んでいたのである。

本当に飲んでばかりの旅だった。「乗り鉄紀行」などと言いつつ、実態は「酒飲み紀行」なのではないかと突っ込まれてもまったく反論できない。

でも僕はあえて開き直りたい。旅に出て、酒を飲んで何が悪いのかと。

これはいままでもしつこいぐらいに書いてきたことだが、旅は所詮は娯楽の一つにすぎない。高尚なテーマを掲げる必要はないし、旅に何か見返りを求めるなんてのは僕はお門違いだと思うのだ。

エンターテインメントなのだとしたら、とことん楽しんだ方がいいのだ。お酒だって飲みたいだけ飲ませてほしい。それでいいではないか。

つい酒飲みの戯れ言になってしまったのは、この旅も終わりが近づいていたからだ。

祭りの翌日、僕はB&Bをチェックアウトし、空港行きのリムジンバスに乗った。帰りの飛行機は、ダブリン発で予め押さえてあった。日本への直行便はないため、いったんアムステルダムで乗り継ぐ形になる。

ううう……。いまかいまかと待ちきれない。休肝日ゼロの旅でした。

ダブリンの空港は、祭り帰りの乗客たちで、用意されているレーンを超える長さの搭乗手続き待ちの行列ができていた。さほど大きくないこの空港が、一年で最も混雑する日なのかもしれない。

列に並んでいると、もうだいぶ見慣れた緑色のバイキング帽を被ったままの、おちゃめなオジサンと目が合い、ウインクされた。隣にはオジサンとは対照的に妙に品の良さそうな白髪のオバサマの姿も。

彼らの手元にチラリと見えたパスポートから、どうやらアメリカ人であろうと想像がついた。アイリッシュ移民のご夫婦なのだろうか。この島国から西に飛び、大西洋を越えた先に広がるのは彼らのいまの祖国だ。

僕は彼らとは逆方向に飛ぶことになる。東の果ての同じく島国で、僕の帰りを待ちわびている人がいる。

――帰らなきゃ。

心の中で一人密かにつぶやく。

――次は絶対に二人で来よう。

続いて誓ったのはそんなことだった。旅の最後はいつだって感傷的になる。

搭乗開始のアナウンスが流れてきた。飛行機に乗るのは、最初にパリに来た時以来だ。

何日もかけて列車でなぞるように旅した区間を、空路だとほとんど一瞬でワープしてしまう。最早一刻も早く家に帰りたい身としては、その味気なさがかえってありがたくもあるのだった。

あとがき　ヨーロッパ鉄道旅ってクセになる！

土地に呼ばれているような感覚なのかもしれない。

続くときは続くものである。

日本へ帰国してわずか一ヶ月半後、なんと再びヨーロッパへ行くことになった。ちょうどこの春から始まった某雑誌連載の取材という名目を掲げつつも、基本的には趣味としての欧州旅行だ。

再び慌ただしい出発となった。鉄道旅で二週間も日本を空けたツケは大きく、前回以上に出発前は激しく時間に追われた。楽しみにしていた花見もとうとう断念せざるを得なかった。本書の本編原稿を書き終えたのなんて、出発当日の成田エクスプレス車内でのことである。ほかにも抱えている案件が色々と片付かず、関係各所に頭を下げながら日本を旅立つことになった。

二度目の欧州は、鉄道の旅ではなかった。船で地中海沿岸部の都市を巡るという、まったく毛色の異なるタイプの旅だ。

　そして、前回とは決定的に異なる部分があった。

　一人旅ではないのだ。久しぶりの夫婦旅行──。

「やっぱり、私が晴れ女なのよね」

　そんな調子のいい台詞を奥さんが吐くほどに、うってかわって好天に恵まれた旅となった。散々雨や雪に悩まされたのが嘘のように、青々とした空が広がっていた。心の底から焦がれていた青い空だ。この前来た時には、曇天模様だというのにその深い青さに感嘆させられた地中海も、青い空とのコンビネーションの中で、いよいよ本領を発揮したかのような強い色彩を放っていた。

　雪辱を晴らすような旅になった。極めつけと言えるのが、旅のハイライトがニースだったことだ。奇縁と言えるだろうか。カーニバルの中止に涙を呑んで後にしたのが、昨日のことのように記憶に新しい。

　ヴィルフランシュという入り江の港町からフランスに上陸し、最寄りの駅から列車に乗った。モナコやイタリアのヴェンティミリアへの移動時に何度も通り過ぎ、溢れるローカル感に目を瞠ったあの駅だった。

　チャンチャンチャンチャーチャーチャン♪

耳馴染みのメロディが流れる中、再びニースの駅舎に降り立った時には込み上げてくるものがあった。フランスらしいオールドスタイルさと南国チックなさまを兼ね備えた駅舎は、あの日見たのとまるで変わらない。切符売り場も、売店のラインナップも何もかも同じだ。さほど時間が経っていないだけあって、当たり前と言えば当たり前なのだが、一方で往来する人々の服装が当時よりも随分薄着になっているのを見て、季節の移り変わりを如実に実感させられる。

夏本番をそろそろ迎えようかという五月なかばである。早くもTシャツ、短パン姿で元気よく闊歩している若者たちを横目に、トラムが行き来する目抜き通りを海に向けててくてく歩いていった。

「いま履いている靴、この店で買ったんだよ」

「へえ、それまで履いてきた靴はどうしたの？」

「……ホテルに捨ててきた」

見慣れた景色を見つける度に、同行者である奥さんに鉄道旅の思い出話を披露する。僕はガイド気取りでニースの案内役を買って出たのは言うまでもない。

カーニバル用の桟敷席――座ることはなかったけれど――が設営されていた海岸沿いの遊歩道は、跡形もなく片付けられ、本来の賑わいを見せつけていた。椰子の木が立ち並び、何キロも先まで続く抜けのいい景観に心が浮き立つ。

何より、海岸線の美しさに息を呑んだ。透き通った翡翠《ひすい》のような海が、太陽に照らされゆらゆらと煌めいていた。ビーチ沿いのカフェではパラソルが広げられ、静かに打ち寄せる波の音をBGMに水着姿で肌を焼く幸せそうな人たちの姿も目につく。初めて見る景色ではないはずなのに、もはや完全に別世界だ。

「五月頃はオススメですよ」

前回訪れた際に食事に入ったレストランで、店を切り盛りする日本人女性がそんな話をしてくれたのを回想した。祭りの中止という憂き目に遭い、悪態をついていた僕たちを優しく励ましくれたあの女性の言葉通りの清々しい陽気である。

いつかきっとリベンジを──そう心に誓った。まさかこんなにも早くその機会が訪れるとは、あの時には夢にも思わなかった。

「いいお店があるんだよ」

いくぶん自慢げに言いながら、奥さんを連れ食事に入ったのは、まさしくあのレストランだった。相変わらずのセンスのいいインテリアを見て、「帰ってきたなあ」と感慨に浸っていると、懐かしい顔が出迎えてくれた。

「あら、またいらしたのですね」

こちらから名乗るよりも早く、女性の方から切り出された。覚えていてくれたことにうれしさと気恥ずかしさが募る。

僕たちが案内されたのは、あの日とまったく同じテーブルだった。

「確か、あの時もこの席でしたよね？　しっかり覚えてますよ。確かあれからミラノに行かれるとか言ってましたよね……」

女性が記憶の糸を手繰り寄せながら、それとなく僕の同行者に視線を送っているのに気付いた。そうか、前回は男二人連れだったのだ。

「今日は逆にイタリアの方から来たんです。夫婦で改めて」

僕の手短な説明を聞き、彼女は得心したようだった。ワインを頼み、乾杯した瞬間、あの日の感情がフラッシュバックした。店内にかかっている音楽までもがまったく同じ曲で、タイムスリップしたような錯覚がする。

「今回はあれ、お持ちじゃないんですね。トーマスクックの、時刻表」

店で販売するオリーブオイルを奥さんが嬉々として品定めしていると、女性がふと思いついたようにそんな質問を口にした。そういえば列車旅の話で盛り上がったのだ。あの時は男二人だったし、鉄道マニアか何かだと思われていたのかもしれない。

「……ええ、列車の旅も良かったですよ。結局、ダブリンまで行ったんです」

僕は質問に答えながら、改めてあの鉄道旅行を振り返っていた——。

——鉄道を乗り継いでヨーロッパを旅する。具体的な計画はほとんどなく、思いつきと勢いだけで日本を飛び出てこの地へやってきたのだった。

パリのリヨン駅からスタートし、フランス、モナコ、イタリア、スイス、リヒテンシュタイン、ドイツ、オランダ、ベルギー、イギリス、アイルランドと最終的に計十ヶ国も巡った。駆け足のようだが、いつもの飛行機で繋いでいく旅と比べれば、自分としては時間の流れは随分とゆったりしたものだった。

それに、空の旅では得られないであろう手応えが確実にあった。

点と点を単純に結ぶのではなく、線でなぞるようにして少しずつ、着実に進んでいく。車窓を流れる風景の記憶を心に刻み、物思いに耽る時間を重ねる中で線は太くなっていく。旅しているなあ——という実感がふつふつと湧いてくるのは陸路の旅ならではだろう。

国境の概念が希薄化している欧州とはいえ、移動するうちに、ある場所を境に国は変わる。多くの国境ではイミグレーションはないし、「たったいま国が変わりました」などと車内アナウンスが流れるわけでもない。ボケーッとしているうちに、いつの間にか次の国へ入っていたりする。

けれど移動を続けるうちに、旅人は僅かな変化にも目ざとくなっていく。飛行機でワープするようにして辿り着いた際には見逃しがちな些細な変化だ。

看板の文字が違うものになり、建物の色使いが微妙に異なることに気が付く。やがて駅に着いて街を歩いてみると、先ほどまでとは別の世界へやってきたことを悟り、静かな興奮に見舞われる。

一言で言うならば、鉄道の旅には圧倒的に旅情があるのだ。移動そのものが観光になるとも言える。想像はしていたが、いざやってみてそのことは確信に変わった。

航空網が発達し、その気になればどこへでも短時間で行けるようになった。ＬＣＣのような格安の手段も身近になり、安く効率的に移動したい現代の旅人にとっては空路を選ぶのがセオリーでもある。

対して鉄道の旅は料金的には不利だし、時間もかかる。これは紛れもない事実で、実利を求める人にとっては選択肢に挙がりにくい方法論であることは理解している。

しかし、だからといって鉄道の旅を諦めるのは勿体《もったい》ない。空路の旅では味わえない、その圧倒的旅情も捨てがたいと僕は心から思うのだ。

そもそも、飛行機の方が必ずしも利便性に優れているわけではない。

ヨーロッパの鉄道駅は、たいていは街のど真ん中に位置する。駅の近くで宿を取れば、到着した足でそのまますぐに街へ繰り出せる。次の移動もスムーズだ。

空路だとそうはいかない。空港から街までの移動に無駄な時間を取られる。辺鄙な場所に空港があって、街まで一時間以上かかることも珍しくないし、渋滞の懸念もある。ぎりぎりに来て飛び乗るわけにはいかず、搭乗するまでに空港内での様々な手続きが必要で、到着してからも荷物が出てくるのを待ったり、税関を通過したりと、案外時間がかかる。時には行列に並ぶ覚悟も要る。

アジアで複数の国々を巡るのであれば仕方ないが、国境を越えて結ぶ鉄道網が発達したヨーロッパでは、むしろ陸路の方が滞りなく進むことさえあるのだ。そう、同地において周遊型の旅をするなら、鉄道は効率面においても有力な選択肢の一つになり得る。少なくとも、時間がないとできない旅の形だと考えるのは早計だ。

コストが高くつくのはやむを得ないが、これも工夫の余地は残されている。今回僕は鉄道パスを活用したのは本書で散々書いた通りだ。ルールが多少複雑で、使いこなすには慣れが必要だが、お得な航空券を探して試行錯誤する感覚などとも近い。使い方次第ではこの上なく便利だし、旅の幅はきっと広がるはずだ。

八日間のユーレイルセレクトパスが約五万円だった。TGVやタリスといった高速鉄道を利用する際には別途追加料金などもかかるのだが、トータルで見ると、少しでも旅費を節約したいならヨーロッパの鉄道旅はパスの利用が前提になるだろう。

何より、料金うんぬんは置いておいても、鉄道パスには計り知れない魅力がある。ある意味、これは究極の自由旅行なのだ。

定められたルール内であれば、いつでも、どの列車でも乗れてしまうのだ。予定に縛られず、その場その場で臨機応変に行き先を選択していける。ホテルなんて当日でもネットでササッと予約してしまえばいい。これほど自分勝手な旅ができるのは、僕のようなワガママな人間にとっては好都合なのだ。クセになりそうなほどである。


ではいざそんな自由旅行をするとして、いったいどんな旅が実現可能なのか。一つの実例として読み進めて頂ければと願い、筆をとったのが本書だ。

ヨーロッパを鉄道で旅するという大テーマがありながらも、いわゆる鉄道マニア向けの内容ではない自覚はある。鉄道そのものの歴史やら、車両の詳細な解説やらは世の中に多数の良書が出ているのでそちらに譲る。

言うなれば、本書は実践編である。実際にやってみて直面した些末なエピソードが主体であり、実際にやってみたからこそ気が付いた注意点などを主観的な立場から遠慮なく盛り込んでみた。同じような旅を志す方々に少しでも参考になれば本望だ。

こうして書き終えてから通読してみると、我ながら今回はトラブルだらけの旅だったなあとしみじみする。「あとがき」から読まれる方も少なからずいるだろうから、ネタバレになるので詳細は書かないが、これほど困難続きの旅も珍しいかもしれない。

実は僕自身、当初はヨーロッパの旅を書くことには一抹の不安も抱いていた。アジアでしばしば遭遇するカルチャーショックや、価値観の違いから生じる理不尽体験が少なく、物事が予定調和に進みすぎて書くことがないのではないか——そんな懸念も抱いていたのだが、杞憂だったようだ。ヨーロッパは意外と手強い。

せっかくなので少し個人的な話もしておくと、本格的に作家業に転身して今年で早くも三年目を迎えた。旅と仕事との境界線がどんどん取りはらわれていく日々に若干戸惑いながらも、とくに崇高な志などはなく、相変わらず成り行きまかせで楽しく旅を続けている。こうして書いて表現することに喜びを感じつつ。

最後に、今回も幻冬舎の永島賞二さんには大変お世話になりました。いつも以上に超ギリギリの進行になってしまったうえに、作業の最中で再び渡欧するという暴挙にも温かい目で接して頂き感謝の念に堪えません。しわ寄せでデザイナーの斉藤いづみさんにもご迷惑をおかけしましたが、短時間で素晴らしい装幀に仕上げて頂き本当に感謝感謝です。そして恒例となりましたが、最後の最後でやっぱり登場した奥さんこと松岡絵里にありがとうと書いて筆をおきます。

二〇一三年五月二十六日　花見の借りは夏に返すと心に誓いながら

吉田友和

この作品は書き下ろしです。原稿枚数388枚（400字詰め）。

ヨーロッパ鉄道《てつどう》旅《たび》ってクセになる!

国境《こっきょう》を陸路《りくろ》で越《こ》えて10カ国《こく》

吉田《よしだ》友和《ともかず》

平成25年7月5日　初版発行

発行人――石原正康
編集人――永島賞二
発行所――株式会社幻冬舎
〒151-0051東京都渋谷区千駄ヶ谷4-9-7
電話　03(5411)6222(営業)
　　　03(5411)6211(編集)
振替00120-8-767643
印刷・製本―近代美術株式会社
装丁者――高橋雅之

検印廃止

幻冬舎文庫

ISBN978-4-344-42052-6　C0195　よ-18-3

幻冬舎ホームページアドレス　http://www.gentosha.co.jp/
この本に関するご意見・ご感想をメールでお寄せいただく場合は、
comment@gentosha.co.jpまで。